代表的日本人

深植日本人心的精神思想

REPRESENTATIVE MEN OF JAPAN

傳世 02

內村鑑三

Uchimura Kanzo

To

Mrs. Flora Best Harris,

A Friend of Japan,

THIS LITTLE BOOK,

My Last Attempt in her Language,

Is Most Respectfully Dedicated.

K. U.

謹將這本拙作

獻給日本之友——

芙蘿拉・貝斯特・哈里斯夫人，

是我最後一本以她母語書寫的作品。

前言

本拙作是十三年前的日清戰爭中，以《日本與日本人》（Japan and the Japanese）為題所發行的書籍之再版。本書包含首版書中的主要部分，以及由許多熱心人士所做的修訂。雖然我已經失去青年時期對國家的那股熱情，但我卻不能無視於我國人民所保有的各項美德。今時今日，日本仍是我奉上「我的祈禱，我的希望，我的力量[1]」，唯一的國土。幫助外面世界認識我國人民的長處——有別於外界認為之盲目的忠誠和血腥的愛國主義，恐怕是我最後一本外文著書的最主要目的。

內村鑑三
於東京近郊柏木
一九〇八年一月八日

1．美國詩人惠提爾（John Greenleaf Whittier，一八〇七－一八九二）在詩作〈Our country〉中的詩句。

目錄

安藝
備後
備中
美作
備前
播磨
丹波
攝津
京
近江
讚岐
淡路
和泉
河內
山城
伊賀
尾張
伊予
阿波
土佐
大和
伊勢
志摩
紀伊

一 西鄉隆盛——新日本的創立者

1　一八六八年的日本維新

當日本承「天命」在汪洋大海中浮現身影時[1]，接獲了上天交付的指令：「日本啊，嚴守你們的大門，在沒有接到我的傳召之前，不許與世界有所交集」。此後的二千餘年，日本都恪守這道指令。為此，諸國的艦隊無法進入日本領海，海岸線也沒有受到侵犯。

我認為批評日本長期鎖國實為膚淺的想法。命令日本鎖國之人是最高的智者，幸好，日本也一直遵循這樣的命令。這對於世界而言也是一件好事。到現在為止，這都還是一件好事。與世界隔絕，並不代表國家就會陷入不幸的深淵。

只要是慈祥的父親，相信不論是誰都不忍將尚且年幼的孩子推向世界，接受所謂「文明開化」的渲染。與世界的交流相對發達的印度，很輕易地就被貪得無厭的歐洲當成獵物。印加帝國和蒙堤祖瑪[2]太平的帝國，遭到世界何等的摧殘，大家均有目共睹。我們的鎖國政策雖然遭受批評，但倘若打開大門，大批的克萊夫[3]和科爾特斯[4]便會毫無忌憚地向我們逼近。這些批評就有如持有凶器的強盜在試圖闖進門禁森嚴的住家時會說出的話。

如此看來，我國四面被海和大陸包圍，與世界隔離封閉，其實一切都是出自神明的旨意。在時機尚未成熟前，貪得無厭的黃鼠狼們數次試圖侵犯我國大門，但日本都頑強抵抗，拒絕開國。這些舉動完全是出自於自我保衛的本能。為了避免在與世界產生交流時被世界吞噬，變成無法擁有任何真正屬於自己特徵的無形存在，我國首先必須確立自己的國民性。世界也在迎接日本成為世界一員之前，還有很多地方還需要改善。

一八六八年的日本維新革命，是兩個擁有明顯不同文化的民族所進行的盛大交流，也代表了世界史上的一大轉機。「進步的西洋」其無秩序的發展受到

1．英國詩人湯姆森（James Thomson，一七〇〇－一七四八）在假面劇《阿佛列》（Alfred）歌曲〈統治吧，不列顛尼亞〉中對英國的敘述，作者將其套用在日本上。
2．指的是墨西哥阿茲特帝國九代皇帝蒙堤祖瑪二世（Montezuma II，一四六六－一五二〇）。
3．羅伯特．克萊夫（Robert Clive，一七二五－一七七四），英國軍人，東印度公司的孟加拉總督。
4．埃爾南．科爾特斯（Hernán Cortés，一四八五－一五四七），西班牙軍人，擊敗阿茲特帝國的蒙堤祖瑪二世，就任新西班牙提督。

抑制，「保守的東洋」則從其安穩的沉睡中醒來。從那個時候開始，超越了西洋人和東洋人的界限，雙方皆以人道和正義為基礎。

日本在覺醒之前，世界有一部分區域與世界其他區域背道而馳，但因為日本、透過日本，兩者終於有機會面對面。建立歐洲與亞洲的**友好關係**是日本的使命，日本今日仍努力不懈地執行這個被賦予的任務。

就這樣，我國長久以來的鎖國政策終於告一段落。為鎖國打上休止符，需要的是人與機會。位於太平洋兩端的中國與加州幾乎同時開國，為了結合世界的兩端，日本開國的機會終於到來。這是對外的契機。對內，日本最後且最大的封建政權也正好面臨崩壞的邊緣。日本厭倦了各藩分裂、彼此反目成仇的情形，在歷史上首度感受到國家統一的重要性和必要性。

然而，不論是創造機會或是利用機會，成事都還是在人。我認為，美利堅合眾國的海軍將領馬修．卡爾布萊斯．培里（Matthew Calbraith Perry）正是世界最偉大的人類之友。在讀過培里的日記後我發現，當他在攻打日本沿岸的時候，他所用的不是真槍實彈，而是上帝的讚美詩歌（參照培里《日本遠征記》）。培里的任務其實十分敏感，在喚醒這個隱士之國的同時，得既不傷害日本的名譽並維護日本與生俱來的驕傲。他的任務幾乎等同於傳教士的工作，受到「上天」極大的幫助，再加上許多人為「萬國之君」所獻上的祈禱，培里才有辦法完成這項任務。被身為基督徒的海軍提督要求開國的國家，可說是幸運之至。

身為基督徒的提督在外敲門，奉行「敬天愛人」、勇敢而正直的將軍在內做出了回應。然而兩人一生之中，從未相見，也從未聽過兩人對彼此的讚賞。兩人的外表雖然完全不相同，但我們卻認為兩人的身上住著相同的靈魂。不知不覺中，兩人參與了相同的工作，一個人起了頭，另一個人則加以延續並完成大業。就像這樣，就算雙眼被蒙蔽的一般人看不出所以然，但在思慮周詳的歷史學家眼裡可以清楚看見，「世界精神」如何將「命運」編織而成。

由此可見，一八六八年的日本維新革命，就如同其他具有永恆價值的革命一般，都是以正義和神的旨意為出發點。那些深鎖大門、抵抗貪婪的國家，面對正義和公正，根據自己的自由意識敞開大門。聆聽靈魂深處的呼喊，傑出的奉獻者向世界敞開大門。相反地，一味地只想著在國內擴張自我勢力的人，對至高的上天而言是有罪之人。這些人無視於國家所被賦予的崇高使命，任憑國家被那些貪婪的惡魔踐踏。

2 誕生、教育、啟示

由於西鄉隆盛之偉大，並且為了與其弟西鄉從道做區分，人們通常稱他為「大西鄉」。一八二七（文政十）年，生於鹿兒島。如今，在「大西鄉」看到世界第一道曙光的地方建有他的紀念碑。西鄉隆盛出生後二年，在離他出生地不遠的地方，與「大西鄉」擁有相同崇高志向的大久保利通誕生。他的出生地同樣建有紀念碑。

西鄉隆盛的老家並非值得一提的名門望族，在大藩薩摩[5]之中只能算是「中等以下」的家庭。他在男四人、女二人的六人兄弟姊妹之中排行老大。少年時代的西鄉隆盛並沒有太突出的表現。他是個動作緩慢的乖巧少年，在夥伴當中則被視為是個少根筋的人物。一般認為，一切是在目睹一位遠房親戚切腹自盡的光景後，才喚起了少年心中對義務的意識。男子在切腹前告訴少年，要把生命奉獻給君主與國家。少年聽完後，落淚痛哭。當天的場面一直深深地烙印在他的腦海裡，從來沒有忘記過。

少年日漸長大，成為了眼大肩寬的壯碩男子。由於他的眼睛很大，因此還被取了一個綽號，叫作「巨目」（うどめ）。肌肉結實的他，最喜歡相撲運動。另外，只要有時間，他喜歡到山裡走動，這個習慣跟了他一輩子。

從年輕的時候開始，西鄉隆盛就對王陽明的書籍產生很大的興趣。陽明學在中國思想當中，與起源於亞洲的宗教思想最為接近。陽明學闡述崇高的本心與天的恩惠，同時也強調「天理」。在本章主角西鄉隆盛日後所寫的文章當中，可以明顯看出陽明學對他的影響。西鄉隆盛的文章當中對基督教表露出的所有情感，也都印證了王陽明這位中國偉大思想家所提倡的簡單思想。同時，從他的文章當中還可以看出，西鄉隆盛所吸取的這些思想有助於培養他務實的性格。

另外，西鄉隆盛對佛教當中最為壓抑的禪學思想也非常感興趣，從他後來與友人的對話中提到的「我試著抑制自己的脆弱感情」中可以看出端倪。然而，

5．薩摩藩，以島津氏為藩主，範圍相當於現在的鹿兒島縣和宮崎縣西南部。

他對所謂的歐洲文化卻完全不感興趣。在日本人當中，擁有廣闊胸襟和先進想法的西鄉隆盛，其教育其實完全出自東洋。

西鄉隆盛一生當中貫徹兩個主要思想，那就是（一）統一國家；（二）征服東亞。他這兩個思想究竟出自何處？如果以理論的方式分析陽明學，是有可能推演出這兩個結論的。這是因為陽明學有別於舊政府為了維持體系而特別保護的朱子學，屬於先進、積極且充滿可能性的思想。

至今為止，很多人都指出陽明學與基督教的類似性。也因為這樣的理由，使得陽明學在日本形同被禁。「這與陽明學一模一樣。這種思想會造成帝國的崩壞。」[6]說出這話的人是在維新革命中聲名大噪的長州戰略家——高杉晉作，事情發生在他第一次在長崎看到《聖經》的時候。這個與基督教相似的陽明思想是重建日本的重要要素。而此事也是說明當時日本社會特徵的重要史實。

西鄉隆盛所處的狀況和環境，無疑為他偉大計畫的起了加分的作用。位於日本西南的薩摩，是受到自此方向而來的各種歐洲文化影響最深的地方。薩摩距離長崎很近也是一大優勢。據說，在中央政府正式下達許可令前，隸屬於薩摩的島嶼[7]就已經開始了國際貿易。

然而事實上，真正影響西鄉隆盛最深的是與他生在同一時代的兩個人物。其一是薩摩藩主島津齊彬，其二則是水戶藩[8]的藤田東湖。

無庸置疑，島津齊彬是一個不平凡的人物。他沉著冷靜且洞察力強，很早就感受到國家必須要變革，提早為步步逼近的危機做好準備，因此他在領地內實行各項改革。是他，在一八六三年英國艦隊大舉入侵鹿兒島時，鞏固自身的防禦，頑強抵抗敵軍。也是他，雖然擁有強烈的攘夷思想，但不顧家臣的反對，以最禮遇的態度迎接法國人上岸。這個「如非必要不願開戰的和平之士」，是與西鄉隆盛最心靈相通的人物。身為島津齊彬的家臣，西鄉隆盛對於這個偉大且有先見之明的藩主，維持多年不變的敬意。兩人的關係有如友人般親密，對於國家將來的想法，兩人也有共同之處。

另外還有一位更重要的時代領導者，給予西鄉隆盛更多精神上的感化，這個人就是「集大和精神於一身」的藤田東湖。他可說是將日本靈化、昇華的人

6．蒲生重章《近士偉人傳》（一八七八）的「高杉晉作傳」中如此記載。
7．指的是琉球，即現在的沖繩縣。
8．位於常陸國，範圍相當於現在的茨城縣中部、北部。

物。藤田東湖外表嚴肅，稜角分明的輪廓有如火山富士山，內心則住著一個誠實的靈魂。熱愛正義、厭惡「西洋蠻人」的藤田東湖身邊，聚集了許多肩負下一代國家重任的年輕人。西鄉隆盛雖然人在遠方，卻對藤田東湖的名聲早有耳聞，在與藩主停留在江戶時，抓準機會前去拜見藤田東湖，相見恨晚的兩人隨即傾蓋如故。

師云：

「除了這個年輕人，再也沒人能夠繼承我心中的雄心壯志。」

弟子也道：

「天下只有一人足以畏懼，那就是藤田東湖老師。」

就像這樣，兩人給予西鄉隆盛新的感化，讓他得以思考出可以讓國家統一以及將國家的領土擴張到足以與「歐洲必駕齊驅」的實務計畫，最終加以執行。西鄉隆盛找到了他終身奉行的理想，接下來就只剩下勇往直前這條路了。藤田東湖激進的精神埋下了維新思想的種子，但必須有一個像西鄉隆盛這樣不如藤田東湖般過度激進，且更沉穩的人，才有辦法實現革命。藤田東湖在一八五五年因地震而喪生，享年五十歲。藤田東湖心中最初的理想與抱負，全部交到他那傑出的弟子手裡。

我們的主角西鄉日夜在山裡散步的時候，上天曾向他低語呢喃。寂靜山林裡的「微小的聲音[9]」曾不只一次地告訴他，他是上天派遣到地上的使者，為的是替日本與世界帶來最好的結果。若不是聽到「天」之聲，西鄉隆盛的文章和與其他人的對話中為何會頻頻提到「天」呢？憨厚寡言且純真的西鄉隆盛很容易沉浸在自己的內心世界裡，但他找到了超越自己與全宇宙的「存在」，必堅信自己與這個崇高的存在間有著秘密對話。就算今日的法利賽人（Pharisee）[10]咒罵西鄉隆盛是異教徒，並質疑他的靈魂未來將走向何處，那又怎麼樣！

「行天道者，就算全天下人都辱罵我，我也絕不屈服。就算全天下人都讚美我，我也絕不驕傲。」

「與天打交道，不要與人打交道，一切奉天行事。不要歸咎於他人，只需反省自身之不足。」

「法是宇宙之基礎，也是自然。因此，唯有畏天，且以奉天為目的者才有

9.《舊約聖經．列王紀．上》十九章十二節中先知以利亞所聽到的神之聲（still small voice）。

10.古代猶太教中主張嚴守律法的一個派別，與基督教對立。

資格執法。……神愛世人，因此，我們也必須如愛己般愛人（我を愛する心をもって人を愛すべし）。」

西鄉隆盛經常說這樣或與此類似的話。我相信，西鄉隆盛所說的這些話，都是「天」直接告訴他的。

3 維新革命中所擔任的角色

如果想要詳細記載西鄉隆盛在維新革命中所擔任的角色，那等於是要記載革命的全部歷史。在某種層面上，一八六八年的日本維新革命可說是西鄉隆盛的革命。當然，沒有人可以獨自改造一個國家，我並無把「新日本」說成是西鄉隆盛的日本之意。因為這等於是漠視其他所有參與革命的有功之人。的確，西鄉隆盛的同志當中，有人在許多方面都勝過西鄉隆盛。關於經濟改革，西鄉隆盛恐怕全無用武之地；關於內政，木戶孝允和大久保利通更為精通；至於革命後維持國家的和平與安定一事，三条實美和岩倉具視更為有才。沒有這些人**全體**的努力，無法創造出今日的新國家。

雖說如此，但我依舊質疑，若**沒有**西鄉隆盛，革命還有可能成功嗎？如果沒有木戶孝允或三条實美，革命也許不會這麼順利，但應該還是可以成功。革命所需要的是啟動一切的原動力，也就是展開革命運動、基於「天」全能的法則，訂定革命運動方向的精神。

革命運動一旦啟動，只要有明確的方向性，接下來的工作也就相對容易了。剩下的多半是就算器量比西鄉隆盛小的人也可以完成的機械性工作。我們之所以將西鄉隆盛的名字與「新日本帝國」緊密結合，是因為我們相信，西鄉隆盛胸懷的大志影響了該年代爾後所發生的一切大事。西鄉隆盛是開創的先驅，更是領導者。

在與藤田東湖進行有意義的會面之後，西鄉隆盛從將軍所在的江戶回到故里，隨即投入了當時在西日本逐漸壯大的倒幕勢力。在經歷過與擁有強烈勤王主義思想的僧人月照一同投江自盡的事件後，世間首度察覺到西鄉隆盛的雄心壯志。西鄉隆盛受託保護月照，但因不敵德川幕府的猛烈追殺，提議與月照一同自盡並得到了他的同意。在一個月高風清的夜晚，愛國的兩人乘舟向大海划去，在「秋天景色的撫慰」之下，攜手投身海裡。被水聲驚醒的侍者立刻展開搜索，兩人被打撈上岸後，西鄉隆盛雖然撿回一命，但月照卻回天乏術。西鄉隆盛這個肩負打造新國家重擔的人，為了表達對友人的人情與仁慈，竟不惜奉上自己的性命！他的這個弱點——根據禪思想而壓抑的「過度感性」——正是最後導致西鄉隆盛走向衰亡的主因，之後會針對這一點詳加敘述。

此外，西鄉隆盛也因為參加倒幕運動，兩度被流放到南方的島嶼[11]。一八六三年，受到英國艦隊的砲擊（薩英戰爭），西鄉隆盛返回鹿兒島，再度開始了倒幕運動，這次他的行動比以往更加謹慎。由於西鄉隆盛從中斡旋，德川幕府與長州之間達成了和解。然而，一年後，德川幕府對長州提出了不合理的要求，長州誓死不從。為此，德川幕府興兵開始「長州征討」。幕府原本命令薩摩藩一同參與討伐，但在西鄉隆盛的指示之下，薩摩藩拒絕加入幕府的遠征軍。此時薩摩的這個政策，在之後的維新革命中具有決定性的歷史意義，也是知名「薩長同盟」的開端。幕府征討軍全面性的敗北以及在外交交涉上重大的失誤，讓舊政府的沒落意外地提早來臨。

幕府政權瀕臨崩壞，聯合軍在拿到打倒幕府的天皇詔書同一天，幕府將軍主動放棄執掌了三世紀的政權。表面上，幕府在無任何抵抗下將政權交還給正

11．第一次是一八五八（安政五）年，因月照事件被流放到奄美大島；第二次則是一八六二（文久二）年，寺田屋事件後被流放到德之島（之後再到沖永良部島）。

統的主政者（一八六七年十一月十四日）。緊接著，聯合軍與同盟軍占據京都，十二月九日天皇頒布「王政復古令」，幕府將軍從二条城撤退。

一八六八年一月三日爆發了伏見之戰。官軍大獲全勝，被稱為賊軍的德川勢力向東敗逃。二路大軍繼續追殺，西鄉隆盛指揮其中的東海道軍。德川軍無力反抗，於四月四日開江戶城投降。在想到之後產生的巨大影響，此次的革命可說是史上付出代價最小的革命。

代價小但效果極佳，實現此次革命的人正是西鄉隆盛。正因為此次的革命具有代價小與效果佳的兩大特性，更可以看出西鄉隆盛的偉大。

「十二月九日的王政復古令」對舊制度影響之深遠，恐怕唯有一七九〇年七月十四日法國首府發表的宣言[12]可以與之匹敵。

西鄉隆盛沉著冷靜的態度，在伏見首戰中是所有官軍的依靠。前線來使向西鄉隆盛報告：

「請派援軍。現在只有一個小隊在抵抗敵軍的猛烈攻擊。」

西鄉隆盛答道：

「全軍戰死後我就會派援軍。」

使者返回前線。官軍大敗敵軍。

有這樣的司令官坐鎮，豈會輸呢。東海道軍在進駐品川之後，西鄉隆盛會見了一位名叫勝海舟的舊友。在德川軍當中，唯有勝海舟看透了幕府的敗退不可免，為了國家的生存，他做好了犧牲主家大權的決心。官軍的司令官看著舊政府的使者說道：

「我相信你現在一定很苦惱。」

勝海舟答道：

「你不是我，又怎麼會知道我現在的心境如何？」

西鄉隆盛聽完後大笑。看到友人為難的樣子，西鄉隆盛頓時覺得豁然開朗，此時，他的心已經傾向和平。西鄉隆盛回到京都之後，不顧其他人的反對，主張大赦德川將軍和其家臣，帶著對賊軍有利的條件返回了江戶。

在西鄉隆盛決定談和的幾天前，據說曾與勝海舟一起在愛宕山[13]散步。看到眼前城市壯麗的景色，西鄉隆盛深受感動。他看著友人說道：

12．也就是法國的國民議會於一七八九年八月二十六日裁定的人權宣言。提出自由、平等以及主權在民的知名宣言。

13．位於現在的東京都港區芝愛宕町。山頂有愛宕神社，當時可以眺望山下景色。

「兩軍一旦交戰，這些無辜的人們就會因我們而受苦。」

說完之後，久久不發一語。是西鄉隆盛的「情」讓他說出這樣的話。為了這些無辜的人們，必須帶給他們和平。「不欺壓弱者的強者更強」，在強者西鄉隆盛的心靈深處，擁有女性般的溫柔情懷。百姓得救，戰爭最終以和平收場，德川將軍繳出手中的兵械，將江戶城交還天皇。

天皇恢復正統的地位，用正統的政權實現了國家統一，新政府開始朝向西鄉隆盛所規劃的方向前進。之後，西鄉隆盛毫不猶豫地返回故鄉薩摩，花了幾年的時間專心訓練小部隊的士兵。和其他人不一樣，對於西鄉隆盛而言，戰爭並沒有結束。國家必須導入大規模的社會變革，為此必須擁有相當的軍力。在西鄉隆盛的眼中，國家統一不過是第一階段，為了實現另一個目的，必須要充實軍力。

西鄉隆盛後來被朝廷召喚上京，與在維新革命中聲名大噪的有功人士們並居參議官的要職。然而，西鄉隆盛的同僚們再也無法跟隨他的腳步。至今為止，大家朝著共同的目標邁進，相互扶持，但同僚們視為終點的地方，西鄉隆盛卻認為是新的起點，終於導致雙方的決裂。

4 朝鮮問題

發起純粹以征服為目的的戰爭與西鄉隆盛的良心相違。西鄉隆盛征服東亞的目的，就當時的世界情勢而言，實屬時勢所趨。日本為了對抗歐洲「列強」，必須採取大幅擴張領土、提高國民精神等的積極策略。此外，西鄉隆盛尤其有著日本為東亞領導者的使命感。他完全沒有欺壓弱小的心態，竭盡全力幫助弱者變強，對抗那些驕傲的強者。喬治．華盛頓是西鄉隆盛心目中的英雄，而他極為憎惡像拿破崙這樣的人，由此可知，西鄉隆盛絕不是一個短視近利的人。

西鄉隆盛對於日本如此的使命擁有崇高的理想，但就算如此，他也絕對不會在沒有充分理由的情況下任意開戰，因為這就等於違反了自己一直以來最尊崇的「天」的法則。然而，機會卻意外降臨。西鄉隆盛自然將其視為「天」賜良機，為的是讓日本完成初始就被交付的任務。

朝鮮是大陸上距離日本最近的鄰國，對於日本新政府派遣的數名使者表現出無禮的態度。不僅如此，他們還對住在朝鮮的日本人表現出明顯的敵意，並貼出布告，大大地傷害了友好鄰國的威嚴。可以放任他們這麼做嗎？西鄉隆盛和他的同志們對此發出質疑。然而，朝鮮雖然無禮，僅憑這個理由仍然無法開戰。於是他主張再派一個由幾位高官所組成的使節團前往朝鮮宮廷，追究他們無禮的態度，如果朝鮮的態度依舊霸道，羞辱新來的使者且對他們造成身體上的傷害，那麼這就是日本向朝鮮派兵的時機，在「天」容許的範圍之內，征服朝鮮。出使朝鮮的使者必須擔負極大的責任和危險，因此，西鄉隆盛自告奮勇，希望能夠擔任使者。征服者為了讓征服變得可能，首先奉獻出自己的生命！這樣的征服手段是前所未見的。

當大家在內閣會議上討論朝鮮使節問題時，憨厚寡言的西鄉隆盛卻像熱火一般激昂。他**懇求**他的同僚任命自己為首席大使，當他如願以償之後，他欣喜若狂，就像小孩得到夢寐以求的禮物一樣，雀躍不已。這裡有一封西鄉隆盛寫給友人板垣退助的一封信。由於板垣退助在會議上的大力舉薦，西鄉隆盛才獲派出使朝鮮。

板垣先生

我昨天曾登門造訪，但由於您不在，所以未能當面向您致謝。我能夠實現**所有的**願望，都是拜您所賜，原本的病痛現在也都不藥而癒了。我高興得像要飛上天一樣，從三条大臣家中直奔貴府，連走路的腳步都變得輕快了。我應該再也不用擔心有人「從旁干涉」了。我已經如償所願，會待在青山家中等待這個令人歡喜的命令。在此獻上我由衷的感謝。

西鄉

這時，岩倉具視、大久保利通和木戶孝允剛好從視察世界的旅途中歸國。他們在世界的中心感受文明，親眼目睹文明帶給人們既舒適又幸福的生活。他們的心中完全沒有與外國交戰的念頭，就如同西鄉隆盛無法想像巴黎和維也納的生活一樣。因此，岩倉具視等人聯手，施展各式各樣的權謀術策，盡全力扭轉他們不在期間內閣所做出的決議。終於，他們利用三条大臣生病的機會，成功推動了他們的方針。

朝鮮使節的決議於一八七三年十一月二十八日遭到撤回。在人前從不輕易動怒的西鄉隆盛，面對這群被他稱為「長袖者流[14]」的大臣們，他們不入流的做法讓西鄉隆盛忍不住勃然大怒。西鄉隆盛氣的不是決議遭到撤回，而是他們的做法。他們的動機讓西鄉隆盛忍無可忍，因此西鄉決定要與這個腐敗不堪的政府絕緣。於是，西鄉隆盛向內閣提出辭呈，並交還位於東京的居所，隨即回到了故里薩摩。自此之後，西鄉隆盛再也沒有參與這個因為他偉大的功勞才得以成立的政府。

隨著征韓論受到抑制，政府再沒有任何積極的策略。在眾人的支持之下，爾後的政策一致走向「整治內政」。如岩倉具視和其他「內政派」的人所願，國家開始了所謂的「文明開化」。但此同時，日本也成為了一個真正的武士看了都會哭泣的國家，也就是說日本變成一個無可救藥地柔弱、優柔寡斷、就算明顯犧牲正義也要低聲下氣追求和平的國家。

「文明，指的是正義的延伸，而非豪華的宅邸、華美的衣裳、壯麗的外表。」

這是西鄉隆盛對文明的定義。自此之後，西鄉隆盛所定義的文明幾乎再也沒有顯著的進步。

5 被當作反賊的西鄉隆盛

西鄉隆盛的一生當中，最令人遺憾的是他的晚年。關於這段時期，也就不需要多加敘述。西鄉隆盛被當作反賊，成為政府的箭靶是不爭的事實。至於到底是什麼事情把西鄉隆盛逼到如此絕境，世間有許多不同的揣測。其中最有力的說法應該是西鄉隆盛與生俱來的「過度感性」，讓他走上與反叛者結盟的這條路。

當時，大約有五千名年輕人尊崇西鄉隆盛為世界第一人，而他們在沒有告知西鄉隆盛的情況之下，違反他的意志，公然反叛政府。這群反叛者的成敗完全寄託在西鄉隆盛是否願意為反亂運動掛名。而強大的西鄉隆盛面對無助者的乞求，全然沒有抵抗之力。二十年前，為了表示自己的待客之道，他曾經答應

14．指相對於武士，身著長袖的公卿、僧侶之流。

為客人交付自己的性命；而如今，西鄉隆盛又再度為了敬愛自己的弟子們獻上了自己的生命與名譽，甚至犧牲了所有的一切。對西鄉隆盛瞭如指掌的人們，今日歸結出了這樣的結論。

的確，西鄉隆盛對當時的政府極為不滿。然而，像他這麼有分寸的人，很難想像他會為了自己的私怨而對政府開戰。最起碼就西鄉隆盛而言，反叛是因為他對自身生涯目標的挫敗而失望所造成的結果，難道不是嗎？一八六八年維新革命的結果與西鄉隆盛的理想有很大的差距，就算不是西鄉隆盛自己招致的結果，但他的靈魂仍然受到無法言喻的折磨。如果反叛成功，他一生最大的夢想或許就可以實現。他雖然心中存有疑慮，但抱著一絲的希望，參加了反叛者的行動，與他似乎早已預知的命運同生共死。然而，在百年之後，我們才終於有機會得知西鄉隆盛這段時期的歷史全貌。

西鄉隆盛將作戰的一切事務交給桐野利秋和其他人，西南戰爭期間，他自始至終都保持被動的姿態。戰爭從一八七七年的二月持續到九月，在確定他們的野心被完全粉碎之後，西鄉隆盛費盡千辛萬苦回到鹿兒島，希望可以葬在「先祖之墓」。當官軍集結於山腳下，將城山團團圍住的時候，我們的主角卻悠哉地在下棋。西鄉隆盛看著其中一個隨從說道：

「是不是你啊？有一天，我拉著馱馬從田裡回來，我為你調整了木屐的繩帶吧？」

隨從想起了那天的情景，為自己的無禮道歉，乞求原諒。

「不需要介意。只是太無聊了，逗逗你罷了。」

其實，根據薩摩的習慣，只要是武士，不論是誰，只要在路上遇上農夫，都有要求他們幫自己調整木屐的權力。就著這個習慣，有兩個年輕人向一名農夫提出了無禮的要求，而農夫卻照辦了，這名農夫就是大西鄉。西鄉隆盛對於卑賤的工作沒有發出一句怨言，用謙遜的態度完成。我們很慶幸可以從侍奉西鄉隆盛到最後的隨從口中得知這樣的故事。就算是聖托瑪斯．阿奎那[15]，恐怕也不及西鄉隆盛的謙遜吧。

一八七七年九月二十四日的早上，官軍開始朝城山發動總攻擊。西鄉隆盛在與同志們並肩作戰的時候被一發子彈擊中腰部。西鄉隆盛方為數不多的軍隊

15．聖托瑪斯．阿奎那（St. Thomas Aquinas，一二二五—一二七四），義大利的神學家和哲學家，創立托瑪斯主義，以謙遜聞名。

很快就被全數剿滅，西鄉隆盛的遺體也落入敵軍手裡。

「不得無禮！」一位敵軍的將領如此喊道。

「多麼安詳的臉啊！」又有另一人說道。

殺了西鄉隆盛的人們一齊悲傷，含著眼淚將他下葬。到今日為止，還有許多人流著眼淚來到西鄉隆盛的墓前祭拜。

世界上最偉大的人去世了，他應該是日本最後的武士吧。

6 生活與人生觀

關於西鄉隆盛對國家的貢獻，歷史至今仍未做出正確的評價。然而，有很多資料可以幫助我們正確了解西鄉隆盛實際上到底是一個怎麼樣的人。如果西鄉隆盛的生活與人生觀可以幫助我們理解他的為人，那麼請讀者們容許我介紹他的私生活和思想。

首先，在生活上，再也沒有比西鄉隆盛更清心寡慾的人了。他雖然身為日本的陸軍大將、近衛都督以及內閣中最有力的人士，但他的外表與一般普通的士兵並無二致。西鄉隆盛的月收入約數百日圓，但他僅僅留下生活所需的十五日圓，其餘都拿給了有困難的友人或其他人。他在東京番町的住居非常老舊，一**個月的租金**只需要三日圓。

他平常穿著的是薩摩紗線編織的和服配上寬大的木棉腰帶，腳上再穿著大大的木屐。不管是宮中的晚餐會或是其他任何場合，西鄉隆盛都是以這身打扮出席。至於飲食，只要是放在他面前的東西，他什麼都吃。有一天，一位客人前往西鄉隆盛的家中拜訪，發現他與幾個士兵和隨從圍著大大的木桶，木桶裡裝的是冷蕎麥麵，大家就這麼吃了起來。西鄉隆盛自己也像是個純真的大孩子，和年輕人一起吃飯對他來說就是最開心的宴會。

西鄉隆盛對自己的食衣住行物都如此不關心，對於財產更是不放在心上。他曾經在東京某一個繁華街上擁有一大塊土地，但他卻把它賣給了剛成立的國立銀行，他怎麼都不肯透露賣價多少。這塊土地現在也仍歸同一法人所有，現值應為有數十萬美金。他大部分的退休金都花在維持鹿兒島新成立的學校上面。下面是西鄉隆盛所寫的漢詩。

我家遺事人知否
不為兒孫買美田

就像這樣，西鄉隆盛沒有為他的妻子和孩子留下任何東西，雖然他死前被視為反叛者，但國家還是照顧了他的家人。站在近代經濟學的立場，對於西鄉隆盛這種「不聞不問」的金錢態度，應該會有各種不同的評論。

西鄉隆盛有一個興趣，那就是他喜歡狗。對於人家送給他的東西他一律退還，但唯有狗，他會感激地收下。他最大的樂趣就是欣賞各種狗的印刷品、石版畫或是素描。當他讓出位於東京的住居時，據說有一大箱東西，放的滿滿都是與狗有關的畫作。在西鄉隆盛寫給大山巖元帥的信中，曾很仔細地提到一條狗項圈。

> 非常感謝您特地將狗項圈的樣品送給我。這些狗項圈的品質比舶來品還好。但如果可以再加長三吋，那麼就正合我意了。還麻煩您幫我製作四、五個。另外，也還請您將項圈加寬至五吋左右。

狗是西鄉隆盛一生的朋友。西鄉隆盛經常在狗的陪伴下在山裡度過晝夜。非常怕寂寞的西鄉隆盛，與不會說話的動物們分享心中的寂寞。

西鄉隆盛很討厭與人爭論，他也盡量避免這樣的場面。有一天，他受邀參加宮中的宴會，穿的是他每天穿的便衣。當他要離開的時候，在門口卻找不到他脫下來的木屐。他不想造成任何人的麻煩，因此光著腳走了出去，當時還下著小雨呢。當他準備要過城門的時候，被守衛當成是穿著邋遢的可疑人物把他攔了下來，詢問他的身分。「西鄉大將。」他回答道。然而，守衛卻不相信他的話，不讓他出城門。就這樣，西鄉隆盛站在雨中，等待有人可以證明他的身分。終於，岩倉大臣乘坐的馬車來到了城門，證明了這個光腳的男子是大將，西鄉隆盛才得以坐著岩倉大臣的馬車離開。

西鄉隆盛家中有一個名為「熊吉」的下人。長久以來，熊吉對西鄉家忠心耿耿，與西鄉家的關係非常緊密。然而，熊吉曾經犯過一個本該要被解雇的重大過失。他寬大的主人擔心熊吉被解雇後將來日子難過，因此還是把他留了下來，但之後也沒有重用過他。在主人死後，侍奉西鄉隆盛多年的熊吉也是為這位時不我予的大英雄悲悼的眾人之一。

有人替西鄉隆盛的私生活提出這樣的證言。

「我與西鄉隆盛同住了十三年，從來沒有看過他訓斥下人。鋪床收床、開關門窗以及其他生活起居等，基本上西鄉隆盛都親自打理。不過，如果別人要替他代勞，他也不加以推辭。他不會拒絕別人要幫助他的好意。他就像孩子般不矯情，天真無邪。」

西鄉隆盛絕不打亂他人平靜的生活。他雖然經常拜訪別人家，但他不會叫喊，僅僅站在門口，靜靜地等待裡面剛好有人出來看到自己！

西鄉隆盛的生活非常平淡簡樸，但他的思想，正如同之前介紹的一樣，有著聖者或哲學家般的想法。

可以用「敬天愛人」這四個字來總結西鄉隆盛的人生觀。這是智慧的最高境界，但相反地，愛己則是最無知的。西鄉隆盛雖然掌握了什麼是「天」，但他到底是把「天」視為「力量」或是「人格」？以及除了每日的實踐外，他又是如何崇拜「天」的呢？這些我們就不得而知了。但我們從他的言行中可以得知，西鄉隆盛認為「天」是全能的、不變的、無比慈悲的，無論是誰都應該遵守「天」法，受「天」的恩惠。西鄉隆盛有關「天」和其法則的想法，在之前已經論述過。從西鄉隆盛的文章當中也可以充分看出他這樣的想法，因此也就不用再加以著墨了。

「神愛世人。因此，我們也必須像愛自己一般愛別人。」

西鄉隆盛的這番話總結了「律法」與先知的思想。也許有人會想知道，西鄉隆盛到底是從何得到這般雄大的想法？

必須用真心與「天」接觸，若不如此，是不可能悟得其中的真理。只要心清志高，無論是議場或是戰場，眼前的道路自會敞開。經常算計的人，一旦遭遇危機，再怎麼算也無用。

「真誠的世界是一個密室。在當中的強者，不論到哪裡都是強者。」

不誠實與其巨大的產物——自私，這是人生失敗的最大理由，西鄉隆盛說道：

「人的成功在於克己，失敗在於愛己。為何很多人明明已經成功了八分，卻在剩下的二分失敗呢？這是因為看到成功在眼前時產生了愛己之心，嚴謹不見了，貪圖享樂，厭惡工作，這才導致失敗。」

因此，我們必須隨時全力以赴地對抗人生中的種種危機。西鄉隆盛身處責任重大的高位，但在需要付諸行動的時候，他曾多次說出「奉獻生命」這樣的話。完全的自我否定是西鄉隆盛擁有勇氣的秘密，從他下面的話語中可以看出端倪。

「不要命、不要名、不要位、不要錢，這樣的人最難駕馭。然而，這樣的人才是可以共患難的人。這樣的人才是可以為國家做出貢獻的偉人。」

相信「天」、「天法」以及「天機」的西鄉隆盛，同時也是一個相信自己的人。相信「天」的同時也代表了相信自己。

他曾說過：

「只要果斷地去做，就連鬼神都要退避三分。」[16]

另外又說：

「機會有兩種，不主動追求卻找上門的機會與自己創造出的機會。世上一般人所說的機會多半屬於前者。然而，在順時應理的情況下，自己採取行動，真正的機會才會來臨。在關鍵時刻，必須由自己主動創造機會。」

也就是說，事在「人」為。西鄉隆盛非常愛惜有才之人。

西鄉隆盛曾說：

16．出自《史記》〈李斯傳〉中記載的「斷而敢行，鬼神避之」。

「對於方法和制度，不論再怎麼議論，如果沒有人實際執行，也只是白費。因此，最重要的是人，其次才是手段。人才是最珍貴的寶藏，我們每一個人都應該立志成為有用之人。」

「敬天」的人必能敬「正義」，進而奉行正義。「廣泛地伸張正義」是西鄉隆盛對文明的定義。對於西鄉隆盛而言，天下沒有比「正義」更重要的事了。他認為，不用說是自己的生命了，就算是國家，都不如「正義」來得更重要。

西鄉隆盛也曾說過：

「如果沒有走正道並**為了正義願意與國家共存亡的精神**，便無法與其他國家建立令人滿意的外交關係。畏懼強大的外國、乞求和平、卑微地順從，如此行為只會立即遭到外國的侮蔑。這樣一來，待友好的關係告終，最後只會被外國所用。」

「總而言之，只要國家的名譽不受損，**就算國家的存亡危在旦夕**，遵循正義與大義的道路都應該是政府的責任。……害怕『戰爭』二字，只顧著低聲下氣地追求和平，這是商法支配所[17]的行為，已經不配稱作政府。」

當時駐守在首都的外國使節十分尊敬說出這番話的西鄉隆盛。尤其是精通東洋外交、長年進駐日本維護英國權益的英國大使哈里・巴夏禮[18]對西鄉隆盛更是敬佩。「行正義，不畏懼」是西鄉隆盛的執政方針。

由於西鄉隆盛持有這樣一貫的思想，他自然可以清楚預見當時身邊正在進行的運動會有什麼樣的結果。早在維新革命前，當新政府還被當作提倡者的白日夢時，對西鄉隆盛而言，這早就是既成的事實。當他結束長期的流放，受召重回要職時，有一名使者來到了他被流放的島嶼。據說，西鄉隆盛在海邊的沙灘上，將他腦海裡構思的眾多新國家建設方案全部畫成圖說給使者聽。後來，西鄉隆盛的預言幾乎全部成真，當時的使者驚訝地向他的朋友說，西鄉隆盛乃神，非人也。

從前面的敘述我們已經看到西鄉隆盛在維新革命中是如何地冷靜，而這正是由於他擁有明確的願景所致。在維新革命剛開始的時候，因為天皇地位的不

17・此指明治政府為了振興商業於一八六八年在大阪、東京所設的商法會所。但由於建立在舊有體制上，最後產生幣制混亂的問題，在西方列強的壓力下，於隔年廢除。

18・哈里・巴夏禮（Harry Smith Parkes，一八二八—一八八五），英國駐日大使。支持薩摩、長州的討幕派。

安定已經持續了大約十世紀，有人擔心天皇的地位到底會變得如何。而有名的宮廷詩人福羽美靜就曾問過西鄉隆盛，他問：

「維新革命是必要的。然而，當新政府建立之後，神聖的天皇到底會處於何等位置？」

對此，西鄉隆盛明確地回答：

「在新政府，天皇會處於他原本就應該處於的地位，那就是親國政。如此一來，天皇才能夠貫徹他所被賦予的天職。」

西鄉隆盛這號人物一點都不拐彎抹角。他遵循「正義」之道，簡潔、直爽，就像陽光一般清楚明亮。

西鄉隆盛沒有遺留下任何著書，但他留有許多詩作和若干的文章。透過這些他偶然興起所寫的詩文，可以一窺他的內心世界，從中也可以發現他是個言行一致的人。西鄉隆盛的詩文從不賣弄學問，和其他與西鄉隆盛齊名的學者不同，他的文字和比喻都非常簡潔。例如，再也找不到比下面這首詩更簡潔的詩作了。

我有千根髮絲
比墨還黑
我有一片真心
比雪還白
就算可以斬斷髮絲
也不能斬斷我的真心

下面的詩作也非常有西鄉隆盛的風格。

只有一條道路，「是與非」
　心隨時都如鋼鐵
貧困造偉人
　困難就功業
梅花遇雪白
楓葉遇霜紅

若知天意
何人望安逸

從下面歌詠山的詩作中，更可看出西鄉隆盛的本質。

天高山深
夜靜裡
聽不到人聲
只有仰望高空

下面引用一段西鄉隆盛以〈生財〉[19]為題的文章。

《左傳》中寫道，財是德所帶來的結果。德淺則財薄。財用來滋潤國土、安定國民。小人以利己為目的，君子則以利民為目的。前者只顧利己，必滅；後者有公的精神，必盛。不同的生存方式，帶來不同的盛衰、貧富、興亡、生死。是不是更應該用心呢？

世人云：「取則富，施則失」，這是多麼錯誤的說法！以農業為例。小氣的農夫不願意播種，只是坐著等待秋天的收穫，這樣只會得到餓死的結果；好的農夫在好的時機播種，盡全力用心栽種。如此一來，可以得到百倍以上的穀物收成，擁有多餘的收穫。只想著收集的人，只知收穫卻完全不懂栽種；賢者將全副的精神放在栽種，不須強求，自然會有豐碩收穫。

＊＊＊

勤於修德者，不用追求，財富也會跟著來。因此，世人所說的「失」未必是「失」，「得」也未必是「得」。古往聖人都視施惠於民為「得」，取之於民為「失」。但如今卻變得好像相反一樣。

＊＊＊

唉，反聖人之道而行，為人民追求財與富，真的稱得上是「賢」嗎？

19．收錄在川崎紫山所著《西鄉南洲翁》的「南洲手稿」中。大槻吉直《富田高慶翁傳》（興復社。一八九七）中也有收錄。

違反得失的法則（真理），追求國土的繁榮，難道就不應該被稱作「不賢」嗎？賢者為了施惠而節省，對於自己的困苦不以為意，反而擔心他人的困苦。財富會如同源源不絕的泉水般跟著這樣的人。如此一來，恩惠從天而降，人們可以沐浴在這樣的恩澤之中。這都是因為大家知道，賢者深知德與財之間正確的關係，賢者追求的不是結果而是原因。

現代的功利主義者[20]也許會認為這樣的觀念是「落伍的經濟學」。然而，這是所羅門[21]的經濟學，沒有比所羅門更偉大的「存在」，也沒有比所羅門的經濟學更偉大的經濟學。就如同宇宙已經存在了十九個世紀一般，這種觀念一點也不落伍。

「有施散的，卻更增添；有吝嗇過度的，反致窮乏。」[22]

「你們要先求神的國和他的義，這些東西都要加給你們了。」[23]

沒有比這兩句神的話語更適合用來註解西鄉的文章。

如果要從日本的歷史當中舉出兩位偉大的人物，我會毫不猶豫地說出太閤[24]和西鄉隆盛的名字。兩人同樣對亞洲大陸方面有很大的野心，活躍在世界的舞台上。兩人的偉大不是同國的其他人可以比擬，不過兩人的偉大之處卻完全相反。太閤的偉大之處想來與拿破崙有些類似，太閤雖然不比歐洲的「太閤」一般明顯，但同樣有著愛自吹自擂的一面。太閤的偉大在於他的天才和與生俱來的精神，不費吹灰之力就成為了一個偉大之人。然而，西鄉隆盛卻完全不是這麼一回事。西鄉隆盛的偉大與克倫威爾[25]相似，只是西鄉隆盛非信奉清教主義的清教徒。西鄉隆盛的偉大與他純粹的意志力有很大的關聯，是道德層面上的偉大，這才稱得上是真正偉大。西鄉隆盛希望把日本建築在健全的道德基礎上，而他也成功地達成了部分目標。

20．根據英國主張功利主義的哲學家邊沁（Jeremy Bentham，一七四八－一八三二）所提出的思想，這裡指的是以實用程度或利益為中心的人。
21．所羅門是被歌頌的古代以色列國王，其智慧讓國家繁榮興旺。《新約聖經．馬太福音》十二章四十二節中耶穌向法利賽人說道：「這裡有一人比所羅門更大」。
22．引自《舊約聖經．箴言》十一章二十四節。
23．引自《新約聖經．馬太福音》六章三十三節。
24．此指豐臣秀吉。太閤原指攝政、關白退位後的職位，豐臣秀吉將關白之位讓給外甥豐臣秀次後，開始自稱太閤，此後太閤變成為豐臣秀吉的代名詞。
25．奧立佛．克倫威爾（Oliver Cromwell，一五九九－一六五八），英國軍政領袖，曾推翻英國國王，將英國轉為共和制聯邦，出任英格蘭、蘇格蘭與愛爾蘭之護國公。其為清教徒。

佐渡
陸奥
出羽
越後
上野
下野
常陸
甲斐
武藏
江戸
駿河
相模
下總
伊豆
上總
安房

二　上杉鷹山——封建領主

1 封建制度

「天國」在像我們地球這樣的地方是不可能實現的嗎？人類不認為這是完全不可能的事，熱烈地盼望著能夠實現。雖然在地球上打造「天國」是對成功毫無把握的事業，然而，人類的歷史本身可以說是為了在地球上實現「天國」的理想而出現的一連串過程。

基督徒相信希伯來先知的預言，橫跨十九個世紀，不斷地祈禱這樣的王國可以降臨人世間。終於有人等不及，嘗試靠著人的力量實現這樣的理想。在墮落的亞當子孫當中，有不少人為了實現這樣的王國奮力一搏。他們至上的勇氣和崇高的自我犧牲是無人可及的。薩佛納羅拉的佛羅倫斯共和國[1]、克倫威爾的英格蘭聯邦、佩恩在德拉瓦州河畔進行的「神聖試驗」[2]等，都是人類所做的少數嘗試。這些都是人類在地球上努力做出的嘗試，是既貴重又勇敢的實例。然而，這些嘗試都只能看到「天國」的冰山一角。

我們雖有先進的政府機構，卻一點都比不上天國，這一點與十世紀前祖先的時代完全沒有改變。我們現在的確處於原地踏步的狀態。因此，甚至有賢人發出驚人之語，認為人類只朝著一個方向，即往**後退的方向**邁進。

當然，無論是什麼樣的形態，高壓政治都是不可取的。高壓政治現在只在幾個熱帶國家可見，而這些高壓政治也總有一天會消失。不過，如果你認為在投票箱中就完全看不見高壓政治的蹤影，那可就太天真了。只要人類與惡魔聯手一天，高壓政治就還會存在，而惡魔本身在我們將之完全驅逐前也持續存在。也就是說，人類為兩種高壓政治——專制的高壓政治和投票箱內的高壓政治所苦。而當中的後者，雖然比較輕微，但仍是惡。我雖不能明確說出什麼是更好的形態、何時可以找出這樣的形態，但這份期待更好形態的想法是不變的。

1．義大利宗教改革領袖薩佛納羅拉（Girolamo Savonarola，一四五二—一四九八）驅逐了統治佛羅倫斯的美第奇家族，實施了一段時期的神權統治（一四九四—一四九八）。

2．威廉·佩恩（William Penn，一六四四—一七一八）等人由於身為基督新教中的貴格會信徒而受到英國的迫害，遠渡重洋來到美國，於一六八二年在信仰自由的費城建立了殖民地。

我們必須篤信沒有比「德」更好的制度了。不，應該是說，「德」的**存在**不但不會有助於制度，反而是一種阻礙。剛剛我雖然說了我們有「先進的政府機構」，但這不是幫助聖人的機構，而是為了打擊小偷的機構。代議政治其實只是一種進步的警察組織罷了。雖然可以有效抑制惡人和小偷，但就算有再多的警察，也無法取代一位聖人或一位英雄。「不好也不壞」恐怕就是這種組織的寫照吧。

封建制度確實有其缺點。為了改善這樣的缺點，立憲制度取而代之。但我卻擔心這是不是為了驅鼠而放火燒了整棟房子。封建制度伴隨著忠義與武士道，另外還有勇氣、人情等，但這些也隨之消失了。真正的忠義唯有在君主與家臣彼此面對面時才會成立。假設在君主與家臣間加進了「制度」，如此一來，君主僅僅只是統治者，而家臣也僅僅只是人民，所謂的忠義不復存在。為了爭取憲法規定的權利而產生紛爭，為了解決紛爭而仰賴文書。再也不像從前，仰賴的是人的心。當有**我的**君主可侍奉、有**我的**臣子可關愛時，才會彰顯奉獻與奉獻的優點。封建制度的優點在於統治者與被統治者之間的關係，建築在兩者的**人性面**之上。這樣的國家本質屬於家族制度。也就是說，無論是什麼樣的法律與制度都不及「愛的律法」。如果封建制度以完美的型態出現，可說是最理想的政治型態。

最偉大的書籍當中不是寫道，在未來的應允王國中，我們將被稱作「**我的**子民」，「**你**的杖，**你**的竿」[3]都將撫慰我嗎？因此，我們並不希望封建制度永久消失。還有數百年、數千年，人們將會繼續為憲法爭論。之後，人們終究會知道，人人皆為同一「父親」的孩子，彼此都是兄弟。到那個時候，封建制度就能夠以更完美的型態榮耀歸來。**真正的**武士期待封建制度的復權，方可「慰勞敗者、打擊驕者」、「建築和平的律法」。

然而，等待這樣的王國降臨之時，知道在水陸形成的地球上，異教國的日本曾經實現過這樣的王國，是多麼令人精神振奮的一件事啊。在西洋的知識傳到日本之前，這個國家曾經有「決心赴死的勇士」，深知和平之道，實踐了獨自的「人之道」。

3．引自《舊約聖經．詩篇》二十三篇四節。

2　人與事業

上杉鷹山繼承後為羽前國[4]的米澤藩時還只是一個十七歲的少年。他出生於九州小大名的秋月家[5]，後來成為比自己家上位且領土也更大的上杉家養子。但成為上杉家的養子對他來說可是一個困擾，之後會再加以詳述，成為上杉家養子的命運，讓他必須背負全國少見的重責大任。少年被自己的祖母[6]推薦給米澤的主公，說他「文靜、聰明伶俐、有孝心」。

而上杉鷹山的老師細井平洲[7]從一個無名小卒被提拔到擔負重責的地位，他既是學者也是一位高潔之士。上杉鷹山不同於一般家世顯赫的子弟，十分順從他的老師。上杉鷹山非常喜歡一個忠順學生的故事，而他傑出的老師也不厭其煩地把這個故事說給他聽。

「大藩紀州的藩主德川賴宣因為不聽老師的話，老師曾經用力地捏他的膝蓋。他經常靜靜地看著當時被老師捏出的瘀青說道：『這是我的尊師所留給我的警告。只要看到這個瘀青，我就會反省自己，審視自己是否誠實待己與待民。然而，很可惜地，雖著年歲增長，瘀青漸漸褪色，我的謹慎之心也隨之淡去。』英明的藩主不止一次說過這樣的話。」

年輕的上杉鷹山每次聽這個故事都會淚流滿面。當時，家世顯赫的子弟們不食人間煙火，導致他們大多忘記了對部下的義務，也忘記了自己為什麼被賦予力量與財富。在這樣的時代當中，上杉鷹山是難得一見的感性之人。中國聖賢所云的**把百姓當作自身的傷病照料**[8]，似乎在上杉鷹山的心中留下深刻的印象，他終生貫徹這個道理，時時關懷他的人民。

如此感性豐富的人，自然也是一位虔誠之人。即位藩主之時，上杉鷹山將

4．羽前國於一八六九年自出羽國分割後成立。現為山形縣的大部分地區。
5．上杉鷹山原本是高鍋藩主秋月種美的次男。
6．外祖母。也是之後成為上杉鷹山的義父、米澤藩主上杉重定的姑姑。
7．細井平洲（一七二八－一八〇一），儒學家，出身尾張的農家，於一七六四（明和元）年，在江戶成為上杉鷹山的老師。
8．《左傳》中提到：「國之興也，視民如傷，是其福也」。

下面的誓文獻給了他一生的守護神——春日明神。

一、依照規定修練文武，不可懈怠。

二、以成為民之父母為第一要務。

三、日夜謹記下列字句：

不奢侈不危險；

施惠但不浪費。

四、言行不一、賞罰不公、無道無禮，絕不可犯。

今後將嚴守以上誓文。若有怠惰，即受天譴，家道中落。

以上

上杉彈正大弼

藤原治憲[9]

明和四（一七六七）年八月一日

上杉鷹山所面臨的挑戰，都是他人避之唯恐不及的難題。收其為養子的上杉藩，在太閣治世之前是全日本最強大的藩。以廣大且富裕的越後領地為首，在日本西岸擁有諸多領地。之後，被太閣遷往會津地區，勢力大幅減弱。雖然如此，仍是百萬石的大藩，藩主也列在全國五大藩主之一。但由於在關原之戰（一六〇〇）時，上杉家與德川家對抗，領地再度遭到遷移。這次，上杉家被指派到偏離中央的米澤地區，生產力僅三十萬石。之後，噩運連連的上杉家，生產力再度減半。

在上杉鷹山當上藩主的時候，上杉家僅是十五萬石的大名，但家臣的數目仍然維持以前百萬石時期，且沿襲從前一切的習慣與規矩。想當然，靠著新領地難以維持藩政，負債高達幾百萬兩。居民被強徵課稅壓得喘不過氣來、紛紛逃離，貧困籠罩在領地的各個角落。米澤位於羽前的南部，不靠海，無論是土地的生產力或自然資源，在日本都屬於下等。在諸事不順的情況下，人們失去了希望，大家都認為在不久的將來，米澤藩將會崩壞，支撐米澤藩的居民也將

9．一七六六（明和三）年，上杉鷹山在將軍德川家治前行元服禮，將軍將名字中的一字賜給他，改名治憲，擔任彈正大弼一職。

面臨破產。當時，就算用盡米澤藩所有的力量也無法籌得五兩金，由此不難想像米澤藩的窘境。對於一個擁有十多萬居民並領地七百五十平方哩的大名來說，貧困的程度讓人難以想像。年少的上杉鷹山上任後，他首先制止情況更加惡化，並努力將情況改善到至少還撐得住的程度。此外，若是守護神春日明神許可，在神的庇佑下，他希望將領地打造成古代聖賢所說的**理想國**。

上杉鷹山在就任藩主兩年後，首度踏入自己的領地米澤。那是一個晚秋時節，「自然」讓原本就十分淒涼的情景顯得更加悲哀。他看到的是一個又一個荒蕪、沒有人願意多看兩眼的村落。眼前的這般光景在多愁善感的年輕藩主心中造成很大的衝擊。當時，與他一同前往的隨從看到他在轎內努力地吹著眼前快熄的火盆，對他說：

「讓我換一盆好一點的火吧。」

上杉鷹山回答：

「現在不需要。我正在學習一個重要的教訓，晚一點再跟你們說。」

當天晚上，在一行人下榻的旅館裡，藩主召集了所有家臣，說明了他下午學到的寶貴教訓。

「我親眼見到我子民的悲慘現況，當我正感到絕望的時候，我發現眼前的炭火奄奄一息，就快要熄滅了。我小心翼翼地取起炭火，很有耐心地慢慢吹氣，成功地救回了火苗，真是令人振奮。我問自己：『是不是可以用同樣的方法治理，讓我的土地和臣民起死回生？』心中便重新湧起了希望。」

3 行政改革

無論是在日本或是其他任何地方，人們很自然地會抗拒變革。然而，年輕的上杉鷹山必須要進行改革，除此之外沒有別的辦法可以拯救米澤藩。變革不是等待他人行動，而是必須從自身開始做起。當然，當務之急是解決米澤藩的財政問題。為了挽回秩序和信用，除了極度的儉約外別無他法。藩主率先將自己家中的支出從一千零五十兩縮減至二百零九兩，家中的女傭也從五十人裁減至九人。他只穿木棉材質的和服，每餐的菜餚絕不超過一湯一菜。家臣也同樣地縮衣節食，但**節儉的程度完全比不上上杉鷹山**。上杉鷹山將每年的俸祿減半，剩下的積蓄全部拿來還債。這樣的努力維持了**十六年**，米澤藩終於從沉重的債務中脫身。然而，這只是財政改革的消極做法。

「臣民的幸福是統治者的幸福。」

「用錯誤的統治方法，期待臣民帶來財富，就如同期待黃瓜的瓜藤上可以結出茄子一般。」

若不能知人善用，則無法行善政。上杉鷹山這種「根據能力交派任務」的民主思想與封建政治的世襲傳統相違背，但他仍盡力透過各種手段善用人才。他不惜從困頓的藩庫中撥出俸祿，支付給有能力的人，讓這些有才之人分居三種不同的職位，幫助他治理人民。

第一種職位稱為「鄉村頭取」和「郡奉行」。他們是「人民的父母」，是負責一個區域行政事務的總監督。上杉鷹山對他們的指示之一如下：

「嬰兒自己不具有任何知識。然而，母親會猜測嬰兒的心意給予無微不至的照顧。這是因為抱持真心才可以辦到的事。真心生慈愛，慈愛生知識。只要有真心，沒有什麼是不可能的。為官者必須如同母親對待嬰兒般對待人民。**只要你們對人民有慈愛之心，就算才能不足也不需要擔心。**」

第二種職位是種類似傳教士的角色。他們教導人民「孝順父母、憐憫孤兒寡婦、婚喪習俗、和服禮節、食物和飲食的禮節、居家修繕」等習慣和儀式。整個領地被分為十二個地區（教區），每個地區都有一位「教導出役（平信徒的主教）」。這些教導出役每年集合兩次，召開共同會議。另外，他們也隨時向藩主報告人民的工作進度。

第三種職位則是最嚴格的警察。他們揭發人們的惡行和犯罪，根據罪狀給予嚴格的懲罰。他們仔細調查鄉鎮的各個角落，絕不枉法徇私。犯罪者是該地區的恥辱，如果犯罪者出現在自己負責的地區，教導出役也必須負連帶責任。

對於這兩種職位的人，上杉鷹山給予下列的指示：

「擔任教師的教導出役，必須持有地藏王的慈悲心，但心中莫忘不可動搖的正義。」

「擔任警察的廻村橫目必須持有閻羅王的公正和強烈的正義感，但莫失去如地藏王的慈悲心。」

這三種職位相輔相成的程度令人吃驚。一般行政上的政策由鄉村頭取和郡奉行負責執行。然而，上杉鷹山認為：「統治未經教育的人民，既費時又沒有效率」，因此由教導出役負責教育人民，「為所有人的生命注入溫暖的血液」。但教育若缺乏紀律一樣沒有效果，因此，藉由嚴格的警察制度，讓教育更有效果、彰顯慈悲。年輕的藩主能夠建立如此制度來統治人民，想必他對人性擁有深刻的洞察力。

這個新的體制在五年之內，沒有受到任何的阻礙，順利地進行。社會漸漸有了秩序，人們從絕望的深淵中看見了一絲希望。然而這時上杉鷹山卻面臨了最嚴峻的考驗，那就是保守勢力的抬頭。若非上杉鷹山，一般人恐怕就此受挫了吧。這些人所求並非中飽私囊，但他們希望恢復舊的體制，反對任何型態的改革。

有一天，七位重臣來到年輕藩主的面前訴說他們的不滿，要求藩主立刻口頭答應撤回新體制。然而，藩主沒有作答，他將自己的評價交託給人民。如果**人們**反對新體制，他願意退位，讓更有才能的人取而代之。藩主立即召集了所有家臣開會，城內聚集了數千名武裝的家臣，隨時待命。這時藩主前往春日神社尋求神的庇佑，祈求可以度過難關。之後，他召見重要家的臣們，問他們自己的政治是否違反了天意？執政者[10]們回答「不」；警察們回答「不」，沒有一人例外。隊長、隊員們也回答「不」；所有人都「異口同聲」地回答「不」。

10．此指鄉村頭取和郡奉行。

藩主聽完後十分滿意，**人民之聲即上帝之聲**（vox populi est vox dei）[11]。藩主鐵了心，將七位重臣叫到跟前，做出了判決。七人中五人的領地被沒收一半，且遭到無限期禁足。主謀的兩人則依照武士的規矩，採取保全名譽的制裁方式，也就是切腹自殺！

藩主掃蕩了保守派和反對派的聲音，藩政也跟著大幅轉好。在這件事情了結之前，所有的改革都不算完成。年輕的藩主不但具有深厚的信仰和豐富的感性，更是一位真英雄。這位藩主將來如何創造一個太平盛世，令人期待。

4 產業改革

上杉鷹山的產業改革可分兩大類：（一）**領地內不留下任何一片荒地；（二）絕不允許怠惰的人民**。雖說米澤藩的領地並不肥沃，但他認為，只要在藩主和人民的努力之下，原本十五萬石的產量可以增加至三十萬石。因此，他用盡全力獎勵農業。在他就任二、三年之後，上杉鷹山大規模地舉行了「藉田之禮」儀式。

藩主、執政、郡奉行、代官、教導出役、廻村橫目全員穿著禮服，首先前往春日神社，向神明報告這次儀式的目的。接著，一行人前往最近剛開墾的土地，藩主第一個拿起鋤頭，嚴肅地揮鋤鏟地三次。之後，執政鏟地九次、郡奉

11.英格蘭神學家阿爾琴（Alcuin，七三五—八〇四）寫給法蘭克王國查理曼大帝的書信中所提到的字句，他對法蘭克王國的政策有重大的影響。

行二十七次、代官八十一次，最後再由真正「耕種土地」的農夫接手。這個儀式等於公然宣布，今後將以最尊敬的態度對待神聖的大地，並期待大地為生活帶來恩惠。這絕對不是迷信！

武士們平時和農民一起耕種田地，開墾了上千畝的荒地。上杉鷹山命令在各地大規模地種植漆樹，每一個武士都要在家中庭院裡種植十五棵漆樹的樹苗，其他人則每人種五棵，每個寺院也必須種植二十棵。若種植的樹木超出規定的數量，則每多種一棵獎賞二十文錢；相反地，如果樹苗枯死而又沒有種下新的樹苗，則每一棵責罰同樣的金額。在這樣的政策之下，短時間內領地內貴重的漆樹就高達百萬棵以上，這對後世影響深遠。至於不適合開墾的地方，則種了上百萬棵的楮樹（製紙的原料）。

不過，上杉鷹山最大的希望是將領地打造成全國最大的絲綢產地。然而，貧窮的藩庫裡已經沒有多餘的銀兩可以用來支撐這個產業。為此，上杉鷹山從用來支付家中開銷的二百零九兩中又多節省下五十兩，用來當作資金，大力向領民推動這個產業。這位年輕的藩主曾說：「就算是少量的資金，只要持續不斷，一樣可以積少成多」。在上杉鷹山持續五十年的努力之下，從自己種植的數千棵桑樹開始，逐漸分枝到各處，最後領地內到處都可以看到桑樹。米澤能有今日，成為屬一屬二的絲綢產地，全都拜過往這位藩主的忍耐和慈愛之心所賜。米澤所產的絲綢到今日在市場上仍是屬於最高級品之一。

上杉鷹山的領地內仍然有一些荒地。像日本這樣的稻米生產國，良好的灌溉意味著豐收。如果無法灌溉，大部分的土地都會被當作不毛之地而荒廢。長距離的水道工程在上杉鷹山吃緊的財政之下，被認為是不可能完成的任務。上杉鷹山的節儉並非小氣，「施惠而不浪費」是上杉鷹山的座右銘。只要確信是對公眾有利的事，他認為沒有什麼是不可能的。上杉鷹山強大的忍耐力足以補足資金不足的問題。在日本過去進行的大型土木工程中，有兩項都是由這個貧窮的大名所企劃完成的。一項是打造長達二十八哩的高架橋和又高又長的堤防的水道工程[12]，這可說是水利技術的代表作；另一項則是開鑿堅硬的石頭，打造一條長達一千二百呎的隧道，這是一個大幅改變水流的工程[13]。後者的工程花了上杉鷹山二十年的時間，是他任內對米澤藩做出的最大貢獻。

12．名為「黑井堰」的工程。
13．名為「飯豐山穴堰」的工程。

上杉鷹山的家臣中有一個名為黑井忠寄的人，平時沉默寡言，在被上杉鷹山發現他的才華之前，被認為是一個無用之人。但事實上，這個人是一個少見的算術奇才。黑井忠寄用簡單的工具精確地測量領地，做出一般人都覺得不可思議的工程計畫。他完成了第一項計畫，在第二項工程的中途過世，但工程依舊遵照黑井忠寄的預定進行。開工後經過二十個年頭，從兩端開挖的隧道終於貫穿。兩邊上下的**差距**僅僅四呎，這在經緯儀（transit、theodolite）[14]尚未傳入日本的年代，精準的程度可算得上是奇蹟。拜這兩個工程所賜，荒地上開起了花，米澤變成了結實豐碩的肥沃土地。東北地方就只有米澤地區自此至今從未受到缺水之苦。

藩主時時警惕自己，不要忘記為人民的幸福著想。他引進良種的馬匹、在池子或河川中養鯉魚和鰻魚、從別的地方找來礦工和織工、排除所有商業上的障礙……想盡一切辦法開發領地內的所有資源。此外，他還將人民中的怠惰者改變成辛勤的工作者。經過他不斷地努力，過去被認為是全國當中最貧瘠的土地，在上杉鷹山晚年的時候，已經變成物產豐盛的模範地區，他所帶來的改變甚至影響至今。

5 社會與道德的改革

東洋思想的優點之一就是「經濟離不開道德」的想法。東洋的思想家們認為，財富是道德的**結果**，兩者之間的關係等同於樹木和果實。只要做好施肥，不需要費力，樹木就可以結出豐碩的果實。只要「愛民」，財富是必然的結果。「君子重視樹木必得果實，小人只顧果實必不得果實」的這種儒家思想是上杉鷹山從恩師細井平洲學到的教誨。

綜觀上杉鷹山的產業改革，其中最值得讚許的一點是他將教育家臣成為**有德**之人視為產業改革目的之核心。快樂主義的幸福觀與上杉鷹山的思想背道而馳。他認為，獲得財富是為了讓每一個人都能成為「知禮之人」。他的這種思

14．測量角度等的測量儀器，一般將精確度更高的經緯儀稱作「theodolite」。

想來自於古代聖賢所云的「衣食足而知禮節」[15]。上杉鷹山完全不受當時的風俗習慣所限，立志引領上天交付給自己的人民，走向無論是大名或農夫都應遵循的「人之道」。

上杉鷹山上任幾年後，改革順利進行，他重新開辦了被關閉的藩校，命名為「興讓館」，指的是「振興謙讓之德的地方」，充分表現出上杉鷹山心中最重視的「德性」。這所藩校的規模和設備，從當時吃緊的財政狀況來看是很勉強的。館長由當代首屈一指的學者，也就是上杉鷹山的恩師細井平洲擔任。除此之外，為了讓領地內有才能但卻貧窮的學生也有機會接受高等教育，學校提供許多的獎學金，免除學費。從創立以來將近百年的歷史，米澤的藩校已經成為全國的模範。現在這所學校仍保留過去的名字，這應該是日本國內現存最古老的學校。

不過，無論是什麼樣的仁政，都要有治療病人的設施才算完整。關於這一點，我們優秀的藩主也不負眾望。他開辦醫學校，找來了兩位當時在日本最優秀的醫師當教師。他也為了栽種藥草而開設了植物園。用植物園裡栽種的藥草教導藥學知識，進行實際配藥。在那個對西洋醫學既恐懼又懷疑的年代，上杉鷹山就已經派遣了多位家臣向日本最初也是最著名的西醫——杉田玄白學習最新的西洋醫術。在知道西洋醫學勝過日本和中國的醫學之後，無論是什麼樣的醫療機器，在可能的範圍內，他都會不惜成本購入。他將這些機器放在學校當作教學和實習的器材，讓師生們自由使用。早在培里率領艦隊出現在江戶灣的五十年前，在北日本的一個山間，西洋醫學就已經十分盛行。上杉鷹山所學的漢學並沒有讓他變成中國人。

關於上杉鷹山的社會改革政策，下面舉兩個例子說明。

廢止公娼的政策相當符合上杉鷹山的「仁政」。有人主張，如果廢止公娼，情慾沒有了發洩的管道，必會有其他更凶惡的手段來危害社會的純潔。面對這樣的反對論點，上杉鷹山明確回答：「如果公娼可以抑制情慾，那恐怕需要無數的妓院」。儘管上杉鷹山廢止了公娼，社會也沒有因此產生任何問題。

上杉鷹山針對領地內最重要的農民階級頒布了「伍十組合之令」。這道公告充分說明了上杉鷹山心中的理想國，下面盡可能以最接近原文的方式介紹。

15．出自《管子》中的「倉廩足而知禮節，衣食足而知榮辱」。

農民的天職為農（栽種農作物）、桑（養蠶）。精益求精，供養父母妻兒，繳納稅賦以感謝政府的照料。然而，這些都必須仰仗彼此相互依賴與合作才有可能成立。為此，必須成立某種組織。現在雖非沒有組織，但我聽說現在的組織不可靠，因此重新設置下列的**伍十組織**和**五村組織**。

一、五人組織（以戶長計算，以下皆同）必須像同一個家庭般親近，共同分享喜怒哀樂。

二、十人組織必須像親戚般相互往來，互助家事。

三、同一村落的人必須像朋友般相互幫助、照料。

四、五村組織的成員必須像真正的鄰人一般，無論何時都要相互合作，遇到困難時必須伸出援手。

五、彼此間必須保持親切的態度。年老無子者、年幼無親者、家貧無養子者、喪偶者、身體不自由無法活動者、因病無法自理者、死後無處埋葬者、遭逢火災無棲身之處者或是因其他災難導致全家遭遇困難者等，五人組織必須收容這樣的無助者，當作自己家人加以照料。如果五人組織的力量不足，十人組織必須給予幫助。

如果力量仍舊不足，村必須要排除萬難，幫助無助者找回他們的生活。如果一個村因災害而陷入存亡的危機，鄰村就必須伸出援手，不可袖手旁觀，五村組織中的其他四村必須責無旁貸地給予救濟。

六、勸善懲惡、提倡節儉、遠離奢侈，讓每個人都能在自己的天職上精益求精是設立這些組織的目的。疏於照顧農地或捨棄經商跑去從事其他工作者；沉溺於歌舞、戲劇、酒宴以及其他娛樂者，五人組織必須首先加以警告，之後十人組織再加以警告，若仍無法應付，則可向村的官員投訴，使其接受應有的處分。

享和二（一八〇二）年二月

這道公告完全沒有政府的官架子。我至今尚未聽過在地球上的其他任何一個角落曾經實行過類似的規定，我可以篤定地說，這是上杉鷹山的米澤藩獨創的做法。美國的農業組織僅僅屬於產業合作組織，其中心目的在於謀利。恐怕要到「使徒性教會」[16]才能看到與上杉藩主的農民組織相近的組織。

上杉鷹山向廻村橫目、教導出役和藩校頒布了各項「公告」，他更以身作則，將十五萬人口的社會逐漸打造成符合自己理想的國度。著名的學者倉成龍渚[17]為了親眼見證「聖人的政治」專程拜訪米澤藩，從他當時的紀錄當中就可以看出上杉鷹山的治理到底有多麼地成功。下面便是其中幾個例子。

在米澤有一種名為「棒杭市場」的商業模式。商人會為草鞋、水果和其他物品標上價格，放在人煙稀少的道路兩旁。雖然無人看管，但人們仍會留下標示價格的銀兩，拿走自己想要的商品。沒人想過會有人偷取市場的東西。

在上杉鷹山的政府中愈居高位者，生活愈貧窮。莅戶善政是家臣之首，比任何人都受到藩主的愛護和信賴。然而，一看他的日常生活，衣食起居和貧窮的學生沒有分別。

米澤藩內沒有設關稅機關，沒有任何事物阻擾自由貿易，卻也沒有任何人企圖走私犯法。

我這裡描述的不是遠古神話世界中如詩如畫的景象，我描述的是不到百年前在這個地球上、一個大家熟知的地方實際發生過的事情。雖說現在已非實施這些制度的人所處的時代，但上杉鷹山對後世的影響在那塊土地以及居民身上依舊清晰可見。

16．以使徒、先知、教師、牧師、及傳福音的這五重職事來運作的教會形態。

17．食成龍渚（一七四八—一八一二），又名倉成莖。儒學家，愛好旅行，於一八〇二（享和二）年造訪米澤。

6 為人處事

如今看來，那些把全人類當成亞當一般子孫看待的描述已屬落伍，尤其對於那些「沒有受到神的恩惠和啟示」的異教徒而言更是如此。我們經常把自己國家的英雄神格化而遭到非議。然而，在所有人類當中，應該沒有人能像上杉鷹山一樣這麼難找出其缺點和弱點了。這是因為上杉鷹山自己比任何上杉鷹山傳的作者更清楚知道自己的缺點和弱點。上杉鷹山是一個有血有肉的人類。正因為他是軟弱的人類，才會在就任藩主的時候，將誓詞獻給了神。

當上杉鷹山自己或米澤藩遭遇危機的時候，他一定會求神。如果硬要說，那麼就是他的軟弱驅使了他求神。有一天，在他待在位於江戶的府邸時，家臣送來了一本名冊尋求他的批閱和許可，裡面記載的是因孝行而獲得獎勵之人的名單。他看了一眼之後，便命人在老師的講課結束之前收在某處放好。講課結束之後，上杉鷹山竟然忘記了這一件大事。他身邊的近侍認為他身為「千乘之君」，這種怠慢的行為是不容原諒的，於是訓斥了藩主一頓。藩主聽完後感到羞愧萬分，當場坐在地上哭了一整晚，甚至「因為覺得羞愧，連早餐都食不下嚥」。隔天，他請來的老師引用孔子書中的一節，原諒了他的過失，他這才終於吃了飯。對於如此感性之人，我不希望「歷史批判[18]」對他做出嚴格的批評。

從上杉鷹山與家庭和家族的關係當中，更可以看出他率直而高貴的人格。關於他節儉的生活，前文已經介紹過了。就算等到米澤藩的財政信用恢復，人們也已經可以過著豐衣足食的生活，上杉鷹山仍舊持續過著穿木棉衣和吃粗茶淡飯的日子。舊的榻榻米，除非到了已經無法修補的狀態，否則他絕不輕易換新，也常常可以看到他自己拿著紙修補破掉的榻榻米。

上杉鷹山的家庭觀十分崇高。他徹底實踐了聖人所云的「做好個人修養方可處理好家事，家事處理好了方可處理國家大事」[19]。在當時，擁有上杉鷹山這

18．英文的「Historical Criticism」，將《聖經》等當作是歷史經文，以學術的方式研究其內容和形式，藉此了解經文形成的背景、性格和樣式等的研究方式。又稱「經文批判」或「高等批判」。

19．出自《大學》的「修身齊家治國平天下」。

般社會地位的人，沒有人懷疑他們納妾室的**權利**。尤其如果是大名，一般都有四、五位妾室。然而，上杉鷹山只有一位**長他十歲**的妾室[20]。而這也是因為有下面這個特殊的原因才會納妾。上杉鷹山在成年之前，按照當時日本的習俗，遵照父母安排所迎娶的女性[21]其實是一個先天有智能障礙的人，其智能不足十歲小孩。然而，上杉鷹山仍然打從心裡用愛情和尊重對待他的夫人，為她製作了許多玩具和娃娃，想盡各種辦法慰藉她。在二十年的婚姻當中，他從來沒對自己的命運表示任何不滿。他們二人住在江戶，妾室則留在米澤。上杉鷹山不允許妾室的地位與他那有智能障礙的妻子平起平坐。他的夫人並沒有留下任何子嗣。

上杉鷹山是一個慈祥的父親，對於自己小孩的教育盡心盡力。在世襲制的封建時代，藩主的後代是一個怎麼樣的人，大大地左右了人民的幸福。上杉鷹山深知自己責任重大。他教育他的小孩「不要忘記重大的使命，不要因一己之私而犧牲了使命」，也教他們不要忘記「對貧窮人的用心」。他寫了很多動人的信件給他的孫女，下面介紹其中一封，從中可以充分看出上杉鷹山如何教導子嗣。這封信是他寫給最年長的孫女[22]，當時她正準備離家，與夫婿一同前往江戶生活。

人受三種恩義而成長，那就是親恩、師恩與君恩。這三種恩義都無邊無際，但其中又以親恩最甚。

因為有親恩才得以來到這個世上，千萬不可忘記身體髮膚受之父母。在侍奉父母的時候，絕對不可有虛偽之心。就算犯了錯，只要有真心，都不算大錯。莫用知識不足作藉口（真心可以彌補不足）。

妳也許會認為治理領地是一項艱鉅的工作，但其實治理領地的基礎在一個完整的家，一個完整的家必須要有健全的夫妻關係。怎能期待水源混濁的河川流出乾淨的水呢！

只要是年輕女性，重視穿著也是一件無可厚非的事。但千萬不可忘記節儉的習慣。致力於養蠶等女性應做的工作，同時接觸和歌與歌集等來陶冶性情。文化和教養不是光為自己，所有學問的目的都在於修養德性。因此，要慎選勸善避惡的學問。和歌可以撫慰心靈，月亮、花朵都可以是豐

20．義父上杉重定的叔父上杉勝延的女兒「豐」。
21．義父上杉重定的女兒「幸姬」。
22．上杉鷹山的義弟上杉治廣（後被鷹山收作養子）的女兒「參姬」，她嫁給了上杉治廣的養子上杉齊定。

富心靈的精神糧食。

妳的夫婿要以父親之姿帶領人民，而妳則要以母親之姿慈愛人民。如此一來，人民自會待你們如父如母。沒有比這個更令人歡喜的事了。

妳必須盡心盡力地侍奉夫婿的雙親。妳的夫婿既是妳的主人也是妳的丈夫，祈求妳可以真心誠意地侍奉他，不辱妳生在這個國家，成為一個受人景仰的賢淑女性。

獻給即將前往首都的愛女
春暖花開著新衣
勿忘故里冬日寒
（春天來臨，就算到了身穿花樣衣裳的時節，
也不要忘記在家鄉父親家中度過的寒冬）

治憲

勤儉愛民的上杉鷹山健康地活了七十個年頭，年輕時的理想幾乎都實現了。米澤藩政治安定，人民豐衣足食，領地豐饒。以前就算用盡米澤藩所有的力量

也很難籌得五兩金，如今只要一聲令下，馬上就可以籌得一萬兩金。完成這樣豐功偉業的人，他最後的日子必定是安詳的。文政五（一八二二）年三月十九日，上杉鷹山嚥下了最後一口氣。

有人曾經描述當時的情景：

> 人民如同失去自己的祖父母般哭泣。所有階級的人都沉浸在傷痛之中，悲傷的程度難以用筆墨形容。出殯當天，路上聚集了上萬人為他送行。人人雙手合十，低頭不語，不時可以聽到人們發出深深的嘆息。就連山川草木也為他掉淚。

越後
上野
下野
甲斐
武藏
江戶
常陸
駿河
相模
下總
伊豆
上總
安房

三　二宮尊德——農民聖者

1　本世紀初的日本農業

「農業為立國之本」說的正是日本。雖說日本在海運和商業上都具有優勢，但人們的生活主要還是仰賴土地。然而，如果單純依靠自然的生產力，在十五萬平方哩的土地當中，僅有二成適合耕作。這麼有限的土地資源，是不足以養活多達四千八百萬的人口的。因此，必須想盡辦法將人的才能與勤勉發揮到極致，提高土地的生產力。

我認為日本的農業是世界上最需要被關注的。我們細心呵護每一塊土地，以父母心對待每一株從土裡冒出來的芽。我們用勤勉彌補科學知識的不足，將一千三百畝地維持得像菜園般精緻整齊。

靠著每一個人的努力，我們才有可能實現這樣高水準的農耕。只要稍有懈怠，耕地就會變成荒地。看到曾經有人耕種過的土地遭荒廢，真是一件令人心痛的事。在那裡，看不到原始森林應有的活力與生命力，被遺棄的荒地只會帶給人們絕望。如果說有十個人願意挑戰開墾從來沒人開墾過的處女林地，但卻不會有人願意重新開墾被遺棄的荒地。當世界各國勤奮節儉的人都被美洲大陸所吸引，巴比倫卻仍然只是貓頭鷹和蠍子的棲身之處[1]。

十九世紀初，日本的農業陷入了極悲慘的狀態。經過長達二百年的太平盛世後，無論是哪一個階層的人，都養成了奢侈浪費的惡習。而耕地就是怠惰之心的直接受害者。許多地方的土地收成都減少了三分之一，過去肥沃的土地也變得荊棘叢生。殘留下來的少數耕地，所有的收入也都得用來繳稅。在每一個村落都可以看到慘不忍睹的荒地。仍然辛勤工作的少數人，身體也逐漸不堪負荷。人們不再向慈愛的大地祈求豐富的資源，取而代之的，是為了維持看不見未來的生活，人們互相敷衍、欺騙，以籌得微薄的必需品。諸惡的根源皆來自道德。於是，「自然」不再給這些不知羞恥的孩子們任何恩惠，各種災難降臨到這片土地上。這時，有一個精神與「自然」法則相符合的人物誕生了。

1．《舊約聖經．以賽亞書》三十四章當中所描述的列國被神毀滅後的荒地景象。

2 少年時期

被人稱為「尊德（德性值得尊敬之人）」的二宮金次郎生於一七八七（天明七）年。他的父親雖是相模國裡一個不知名村落[2]的貧窮農夫，但他的情深義重和公德心是人所皆知的。在尊德十六歲的時候，尊德和他兩個弟弟失去了雙親。經過親戚們的商量，很不幸地拆散了他們一家人。長男的尊德由他父親這邊的伯父[3]照顧。在伯父家裡，這個年輕人非常努力地工作，不讓自己成為伯父的負擔。他懊惱自己無法完成一個成年人的工作，因此，白天做不完的工作，他會繼續做到半夜，直到完成為止。當時，在尊德的心中起了一個念頭，對於古人的學問他不希望像「睜眼瞎子」，也就是說他不希望自己是不識字的文盲，因此在每天工作結束後的深夜，他認真地讀起了孔子的《大學》。然而，過了不久，他半夜讀書的事情被他伯父發現了，伯父很生氣地斥責了尊德。對伯父而言，讀書對自己或對尊德一點幫助也沒有，而尊德竟然為此浪費寶貴的燈油。尊德覺得伯父訓斥的有理，**在自己買得起油點燈之前**，他放棄了讀書。

隔年春天，尊德在河岸邊開墾了一小塊空地，灑下油菜的種子，利用假日努力栽培自己的作物。一年過後，他順利收成了一大袋油菜籽。這是他親手栽種所得到的收穫，是「自然」賜給尊德辛勤工作的報酬。尊德把油菜籽拿到附近的油店，交換了數升的燈油。尊德一想到這次不會用到伯父的燈油就可以讀書，興奮之情難以言喻。

尊德振奮地重新開始在夜裡讀書，他心中有些許的期待，也許伯父會誇讚他的毅力和勤勉。然而，他錯了！伯父對他說：「我好心照顧你，你所有的時間都是我的，我可沒有閒工夫讓你去做像讀書這種沒用的事」。尊德這次依舊覺得伯父教訓的是。依照伯父的指示，他在一天辛苦的農耕工作結束後，繼續努力地織布或編織草鞋。自此之後，尊德只在每天為伯父上山取乾草或木柴的路上讀書。

2．相模國足柄上郡栢山村（現在的神奈川縣小田原市栢山）。

3．父親利右衛門的兄長萬兵衛。

休息的日子雖然是屬於尊德自己的時間，但他不把時間用來玩樂。種油菜的經驗讓尊德知道了辛勤工作的價值，因此他希望能夠以更大的規模重現之前的經驗。尊德在村落裡找到了一塊最近因洪水而沼澤化的土地，他認為這一塊地是可以讓他的休息日更有意義的絕佳場地。於是，尊德把水從沼澤裡舀出來，經過翻地、整地之後，終於整理出了一塊田地。他撿回農民丟棄的多餘稻苗、種到田裡，辛勤耕種了一整個夏天。到了秋天，他順利收成了八斗米。對於一個孤兒而言，得到他人生中第一口因為他不懈的努力而來的糧食，不難想像他當時是多麼喜悅。這個秋天，尊德所收成的米糧成為他的資金，為他將來波瀾萬丈的人生揭開序幕。尊德是一個真正獨立自主的人！他從經驗中學到，「自然」是正直勤奮者的後盾，因此，他之後所有對於改革的想法都建築在「**遵循自然法則，自會得到回報**」這個簡單的道理之上。

幾年之後，尊德離開了伯父家。他帶著在自己開墾的村落荒地中親手耕種收穫的少數米糧，回到了雙親的故里。尊德靠著自己的毅力、信念以及勤勞重整家園，再也沒有什麼事可以阻攔他將荒地變成沃土。他一一開墾山地斜坡、河岸、路旁、沼澤地等不毛之地，為他帶來了財富與食糧。沒幾年的工夫，尊德便累積了相當的資產，成為受人尊敬的節儉、勤勉模範。無論什麼事，尊德都靠自己的力量克服，他也不吝惜幫助他人克服他們的困難。

3 能力試煉

隨著二宮尊德的名聲日增，小田原藩主（大久保忠真）也開始注意到他。尊德是小田原藩的領民，當時的藩主身為幕府的老中[4]，手握大權，全國上下無人可與之抗衡，他當然不可能讓有才能的領民埋沒在鄉野生活裡。然而，在當時嚴格的封建制度之下，想要提拔一介農民擔任重任，除非有明確的事蹟證明該人具有卓越的才能，否則是不可能的事。想要打破一般的世俗常規，必須擁有不容置喙的才能。為此，等著尊德的是唯有尊德這般擁有不屈不饒的毅力之人才能勝任的艱難任務。

小田原藩領地中屬下野國的有物井、橫田、東沼三個村落[5]。由於這三個村落已經荒廢了好幾世代，土地成了無可救藥的荒地。這三個村落曾經擁有高達四百五十戶人家，每年上貢八千斗米。然而現在，「自然」入侵農田，狐狸、狸貓占據民宅，人口也僅剩從前的三分之一。貧窮的農民每年可以上貢的收成最多也只有一千六百斗。貧困讓人民喪失了道德意識，往日風光一時的村落現在成了賭徒們聚集的巢穴。雖然藩主多次試圖重整村落，但村人已經養成了偷竊、好吃懶做的習慣，投注再多的費用和心力都徒勞無功。如果是血氣方剛的藩主，恐怕早就驅逐所有的村民，讓勤勉的人搬進這些村落裡，重整怠惰村民所留下的荒地。

然而，正因為這三個村落是如此地無可救藥，剛好可以幫小田原藩主完成他的計畫。藩主是這麼想的，如果有人能夠復興這樣的村落，找回這些村落原有的富裕和繁榮，那麼必定可以將領地內其他廢棄的村落（數量非常多）託付給這個人。另外，如果這個人完成了以前許多人都無法成功的任務，那麼就算將這個人放到指導者的位置，也無須顧忌特權階級的眼光，可以光明正大地賦予他權力。這就是藩主拜託並說服尊德擔當的任務。

身為一介農民的尊德，以自己身分低微且沒有能力從事公共事業為由，婉

4．江戶幕府的最高官職，直屬於將軍、統轄政務。常任四至五名，選自二萬五千石以上的譜代大名。

5．現在栃木縣芳賀郡二宮町和真岡市的一部分地區。

拒了擔當重任的榮耀。他認為自己是一個與土為伴的農民，在自己有生之年希望完成的最大心願就是重振家業。而且他認為，能夠重振家業靠的不是他的力量，而是仰賴祖先所遺留下來的恩德。藩主並不死心，花了長達三年的時間，不斷地請求尊德接下這個任務。然而，尊德不改謙虛的態度，表示僅希望在自己的草屋裡，過著安穩的日子。

最後，尊德終究抵擋不住自己所尊敬的藩主一再地懇求，提出了希望前往村落勘查的要求。他用自己的雙腳走過長達一百三十哩的道路，與村民共處了幾個月的時間，挨家挨戶地仔細觀察他們的日常生活。此外，他還仔細地調查了土質、土地荒廢的程度、排水以及灌溉設施等，收集了各種資料以判斷這三個荒廢的村落是否有重建的可能。尊德提交給藩主的報告十分悲觀，但也不全然沒有希望。他在報告中指出：

「只要施行仁政，就可以為這些貧窮的人們找回和平且富足的生活。」

「給予金援、免除稅賦等方法恐怕無法拯救這裡的貧困，真正達到救濟的秘訣在於斷絕所有金錢上的援助。金錢的援助只會引起人們的貪念和惰性，是人與人之間紛爭的禍源。**荒地要用荒地本身的資源開發，貧困要靠自己的力量脫困。**」

「請主公不要不滿足這塊貧瘠之地的生產量，不要多做期待。如果一反地（一反相當於四分之一英畝）可以收成四斗米，其中的二斗米用來支持人們的生活，剩下的二斗米則必須用來當作開墾耕地的資金。在遠古時代，就是用這樣的方式開墾出現在物產豐饒的日本。沒有外界的任何援助，靠著自身的努力，善用土地擁有的資源，才有我們今日看到的農田、庭園、道路、鄉村。仁愛、勤勉、自助——唯有貫徹這些美德，這些村落才有希望。只要誠心誠意、有毅力地努力工作，我認為從今日起的十年後，就可以找回過去的繁榮。」

這是多麼大膽且具經濟效益的計畫啊！想必一定也有人反對這樣的計畫。將**道德**視為經濟改革的重要因素，這樣的復興方案，古往今來從未有人提出過。這正是將「信仰」運用在經濟上。這個人身上也許流著清教徒的血液[6]，也或許

6．在英國發生的清教徒運動中，清教徒主張信仰與政治和經濟有著密不可分的關係。

可以說他是未受「為最大多數人謀求最大幸福」這個外來思想所害的真日本人。有一個人採納了尊德的這一番話，那就是英明的藩主。可見「文明」在這百年之內，對我們造成了多麼大的影響啊！

藩主接受了尊德的計畫，十年間，這個農民道德家成為了這些村落的實質領導者。然而，尊德對於必須中斷振興家業這件事感到十分悲傷。像尊德這般誠懇且專一的人，不管是什麼事，一旦無法全心全意地投入，對他來說都是罪過。既然決定接手公共事業，就一概不能分心私事。尊德說服自己「放棄自己的家業，才有辦法拯救上千的家庭」。他得到妻子的同意，在先祖的墓前大聲說出他決定犧牲一直以來的願望。他把自家處理掉，像是要前往別的世界一般，斷絕了自己的後路，離開了故鄉，履行他與主公和村民的約定。

這裡不詳加記載有關尊德「重整荒廢的土地與人心」的奮鬥史。奮鬥的過程中沒有任何的權謀術策，有的只是**精誠所至，金石為開**的信念。他避免奢侈的飲食，只穿棉質的衣裳，也不在別人家吃飯。一天的睡眠僅僅兩小時，比任何部下都早去田裡，待到最後才離去，與村民同甘共苦，一同面對嚴峻的命運。

他用與評斷自己相同的標準評斷部下，也就是動機的真誠與否。對尊德而言，最佳的勞動者不是做最多工作的人，而是擁有最真誠動機的人。有人向尊德推薦了一名男子，說他做的工作不僅是一般人的三倍，更是個大善人。但對於這樣的讚賞，我們這位農民領袖卻一直不為所動。就在周圍的人不斷催促他褒獎這位「大善人」的時候，尊德把這名男子叫到面前，要求他比照在其他官員面前所表現的一樣、做一整天的工作。而這名男子根本沒有這麼大的能耐，他當場跪地求饒，承認他只有在官員在的時候才做三人份的工作。

我們這位領導者根據自己的經驗，深知一個人工作的極限。因此，絕對不會被這樣的事情所蒙騙。這名男子受到應有的懲罰，並被告誡不可再作假，然後被送回田裡繼續工作。

勞動者當中，另外有一個年老的男子，他幾乎無法完成一人份的工作。這名男子始終做著掘除樹墩的工作。他的工作不僅吃力，而且也不討好，但他甘於自己選擇的工作，在別人休息的時候也繼續勤奮地工作。他被人戲稱為「掘樹根的」，並不受到眾人的重視。然而，這位領導者的眼睛卻停在了這名男子的身上。在某一個發薪水的日子，一如往常地依照每個人的工作成績和表現發給了相對應的報酬。當中，獲得最高榮譽與報酬的不是他人，正是這個「掘樹根」的男子。所有人都大吃一驚，但最吃驚的莫過於這名男子自己。這名男子除了原有的報酬之外，另外獲得了十五兩（約七十五美元）的獎金。在當時，勞動者每天最多賺取二分美元，十五兩可說是破天荒的報酬。

「大人，您也看到我是個老人，甚至沒有獲得一人份薪水的價值。我能做的工作量比其他人少很多。您是不是搞錯了？我實在是戒慎惶恐，不能收下這一筆錢。」男子堅持地說道。

「不，沒有這回事。」我們的指導者以堅決的口吻說道。

「你做的是沒有人願意做的工作。但你不介意他人的目光，誠心誠意地只為村人著想。多虧你掘除了樹墩，除去所有的障礙物，我們的工作才得以順利進行。如果不給予像你這樣的人獎賞，那麼我們往後的工作，必定無法執行。這是上天為報答你的正直所給予的賞賜，你就感恩地收下，拿來作為退休生活的補助。我非常高興可以認識像你這般正直的人。」

男子像小孩一般哭了起來，眼淚弄濕了衣袖。村裡的每一個人都深獲感動，感謝終於出現了一個像神一般的人，讓默默行德的人也可以被看見。

當然也有少數人反對尊德的做法，然而，尊德都用「仁政」消除了這些反對的聲音。他花了三年的時間才讓小田原藩主派來協助他的同僚遵從尊德本人和他的做法。

村裡還有一個無可救藥的怠惰者。對於尊德的所有計畫，他都大唱反調。這名男子的家殘破不堪，搖搖欲墜。他到處跟附近的人說，他的貧窮就是尊德新政失敗的最佳證據。有一天，尊德的家僕借用了這名男子的廁所，由於廁所長年未經整修，早已經腐朽不堪，稍微碰了一下就倒塌了。這名男子見狀，氣得暴跳如雷。儘管家僕乞求這名男子的原諒，他還是拿起棒子追打家僕到了尊德家門口。這名男子站在尊德家前，對著圍觀的民眾大聲叫囂，控訴自己遭受的「巨大損害」，並指責尊德沒有安定土地和維持秩序的能力。尊德將這名男子叫到跟前，對於家僕所犯的過錯，誠心誠意地向男子道歉。

「如果你們家的廁所這麼容易就壞掉了，想必房子也不堅固。」尊德說道。

「我是窮人，哪來的錢修房子？」男子不屑地回答。

「既然這樣，就由我們來幫你修繕房子好了，你沒有意見吧？」尊德和善地說道。

男子嚇了一大跳，覺得十分羞愧，回答道：

「謝謝您。我不配這份恩德。」

男子回家後，尊德命他拆掉舊屋、把土地整平，以便蓋新的房子。隔天，尊德的部下帶著蓋新屋的建材來到了男子家。數週後，一間顯眼的大屋子就蓋好了。廁所也經過修繕，不會一碰就倒了。就這樣，村裡最令人頭痛的人物也豎白旗投降，從此以後，他成為了比任何人都忠於尊德的人。這名男子之後每當談到自己當時所感受到**無比的羞愧**，都不禁淚流滿面。

有一次，村人間的不滿一發不可收拾，無論是什麼樣的「仁政」都無法平息民怨。我們的領導者把這樣的狀況歸咎於自己，他告訴自己：「上天是用這樣的手段來懲罰我的誠意不足」。有一天，尊德突然間不知去向。每一個人都在找他到底去了哪裡，幾天後才得知，尊德去了遠方的一間寺廟[7]，日夜不斷地向上天祈禱。他**斷食**了二十一天，祈求上天賜給他率領村民所需要的「誠意」。為了讓尊德早日回到村裡，村人派遣了使者前去迎接。尊德不在村裡，整個村子陷入了混亂，大家深深體會到，現在的村子已經不能沒有尊德了。尊德終於結束了斷食，簡單吃了點東西恢復體力。聽說他「結束長達三週的斷食後，隔天就聽到村民懺悔自己的過失，他十分喜悅，走了二十五哩的路，回到了村裡」。可見他的身體有多麼健壯。

經過他數年來不斷地努力和節約並施行「仁政」的結果，他成功地重新開墾了近乎所有的荒地，總算恢復了土地原本應有的生產力。尊德鼓勵外來的移民，並認為「外地來的移民需要更多關心」，因此比對待本地居民更加用心對待移民。對尊德而言，無論是什麼地方，完全復興並不僅僅是恢復土地的肥沃，他認為必須「未雨綢繆，準備十年份的存糧」，遵從「無九年之蓄的國家十分危險，無三年之蓄的國家稱不上是國家」[8]的中國古代聖賢教誨。

然而，在存糧準備完成前就遇到了饑荒。一八三三年是個對東北地方的各個區域而言都是大災難的一年。尊德在夏天時吃了一口茄子，那時他就預言該年的農作物不會豐收。這是因為夏天的茄子有秋天的茄子般強烈的風味，這代表「太陽已經把一整年的光能都用盡了」。尊德為了補足該年稻米的不足，立刻命令每一戶都要撥一反田來種植稗。村民們遵照他的指令執行，到了隔年，鄰近的地區都受饑荒所苦，而尊德掌管的三個村落卻沒有一戶人家受害。「真

7．現在千葉縣的成田山新勝寺。
8．出自《禮記》所云：「國無九年之蓄曰不足，無六年之蓄曰急，無三年之蓄曰國非其國也」。

誠的人，可以事先預知未來」，我們的領導者同時也是一位預言家。

到了尊德與藩主約定的十年，這個原本是全日本最貧瘠的地方，變成了最井然有序且存糧最豐富的土地，同時也是全日本自然生產力最豐沛的地方。與過去繁盛時期相同，每年可以收成八千斗米。不僅如此，為了預防長年的飢荒，還準備了許多倉庫儲存不同的穀物。甚至，領導者自己也累積了數千兩的儲蓄，讓他之後可以自由運用這筆錢來幫助他人。

尊德聲名遠播，各處的大名都差使者前來，希望尊德可以幫助重建他們領地內的貧窮村落。從來沒有聽過有人僅用「真誠」就可以創造如此的成果。無論是再怎麼不足為道的人，只要遵循「天道」，就可以完成如此卓越的工作。尊德在從事公共事業的時候，從一開始就特別注重道德面，這為當時怠惰風潮盛行的社會帶來了強大的衝擊。

4 個人的援助

在敘述二宮尊德於日本從事的其他公共事業之前，先說明尊德是如何回應身邊有困難的人，給予他們最親切的援助。由於尊德本身就是靠自己的力量才得到一定的地位，因此他堅信勤勉和真誠一定可以帶來獨立與自尊。

「天地生生不息，圍繞在我們身邊的萬物不會停止成長與發展。遵循這個永續成長與發展的法則，只要勤而不休，就算刻意追求，貧窮也不會找上門。」

尊德向被貧窮壓得喘不過氣的農民闡述這樣的道理。當農民控訴領主的惡政與不公平，希望離開先祖的故鄉，因而前來尋求尊德的指導與建議時，尊德是這樣告訴他們的：

「我送給各位一人一把鋤頭。只要依照我的方法徹底執行，我保證可以把荒地變成天堂。不需要將希望寄託於外地就可以償還所有的債務，重新找回豐饒快樂的生活。」

村民遵從他的教誨，從農民聖者手裡接下「一人一把鋤頭」，按照他的建議，每一個人都努力不懈地工作。數年之後，村民不但找回了喪失的一切，甚至還有剩餘。

失去村民信賴的村長希望借助尊德的智慧，而我們的聖人所給的答案也出人意料地簡單。

「因為你太愛自己了。利己之心是一頭兇猛的野獸，而利己之人也是一種野獸。如果你想要感化村民，你必須要將你自己和所擁有的一切全奉獻出來。」

「我該怎麼做才好呢？」村長問道。

「把你擁有的土地、房子、衣服等全部的財產賣掉，將得到的錢財當作村子的財產使用，並將自己奉獻給村民，這樣就可以了。」尊德如此回答。

面對如此極端的做法，一般人是很難照做的。村長希望尊德給他幾天時間考慮，但最終村長還是覺得這樣的做法自己犧牲太大了。尊德於是又說：

「你一定是擔心自己的家人會餓死吧。你確實做了**你自己**應該做的事，身為你的指導者，你想難道我會不做**我**應該做的事嗎？」

村長回到了村落，依照尊德的教誨徹底執行。於是，他的影響力和聲望很快就恢復了。短期內有不足的物品，尊德用自己的儲蓄幫他籌措。不久之後，全村的人都支持村長的做法，村長一下子就變得比過去還要富裕。

藤澤有一個賣米的商人。他趁著穀物欠收的時候高價銷售，累積了不少的財富。然而，他的家人卻陸續遭逢不幸，財務也瀕臨破產。商人的親戚當中有一個人與尊德十分熟識，於是前往借助尊德的智慧，希望可以讓商人找回過去的財富。尊德對於追求一己之利的人基本上都不太願意給予建議，但他拗不過商人不斷的請託，心不甘情不願地答應了他的請求。當尊德檢視商人道德上的問題時，馬上找出了讓他陷入不幸的唯一原因。於是他對商人說：

「找回財富的方法就是將現在剩下的所有財產都分贈他人，從零開始。」

在尊德的眼中，用不正當的手段所獲得的財產不是真正的財產，唯有遵循「自然」正規的法則，由「自然」直接賜予的東西才是真正屬於自己的財產。這名男子的財產原本就不屬於他，所以才會失去。他手上剩下的也是「不潔」的財產，注定無法保存。

如此激烈的改革手段，必須經過長期抗戰才有辦法克制貪婪之心。然而，我們這位道德醫生醫術高明，沒有任何人懷疑他所開的處方。尊德的勸告對於商人的友人和親戚而言是不可置信的，不，應該說是驚天動地的。但商人確實地加以執行，將剩下多達七百兩（三千五百美元）的財產全部分給了村民，自己則靠著「一雙手」，開始了他自小就十分熟悉的船運業。不難想像，這名男子所下的決心對於他自己和其他村民在道德層面上有多大的影響。那些因男子的貪婪而引起的怨恨也頓時煙消雲散，以前暗自竊喜男子不幸遭遇的人現在也來幫助他，讓他很快地就可以完成工作。這次，命運之神**伴隨**著全村人的善意，向男子微笑，他變得比以前更加富有。然而，很不幸地，隨著年齡的增長，男子的貪念也愈來愈深，據說他最後死時十分貧窮。正如孔子所云，「禍福不是由天命決定，而是**人自己招致的結果**」[9]。

我們的導師並不是一個容易親近的人。對於初次到訪的人，無論對方的身分如何，他都會用東方人最常用的「工作很忙」為藉口，避而不見。唯有不屈不撓的人，才有機會見到尊德。每當來訪者放棄而離去時，他總會說：「我幫助這個人的時機似乎尚未成熟」。

有一次，為了拯救寺廟的施主，一位僧侶千里迢迢徒步前來拜見尊德，尋求建議。當他被拒於門外之後，堅忍不拔的僧侶把衣裳鋪在地上，在尊德的門前靜坐了三天三夜。然而，當尊德聽說有一個像「狗」一般的「乞丐」坐在他的門前，他震怒不已，立刻命人逐他離開，並說：「回去為人們的靈魂祈禱而斷食吧」。僧侶屢次獲得同樣的待遇，但他終究獲得了尊德的信賴，讓他進了大門。之後，這位僧侶成為了得夠獲得尊德金錢、智慧以及友誼的人。

想要獲得尊德的友誼必須付出相當的努力，然而一旦獲得，再也沒有比他的友誼更尊貴與長久的東西了。不真誠和不認真的人完全不被尊德放在眼裡，這是因為這些人違反了「天」和天理。這樣的人就算借助了尊德或其他人的力量，仍舊無法將他從不幸和墮落的深淵中拯救出來。對於這樣的人，尊德會先讓他們與「天地之理」調和，之後提供他們所有必要的援助。

「種植黃瓜就不要期待收成別的東西，人們只會收成自己種下的果。」

「唯有真誠可以將禍轉福，一切的權謀都無用武之地。」

「一個人的心比起廣闊無邊的宇宙只是渺小的存在。然而，只要精誠所至，

9．出自《孔子家語》的「存亡禍福，皆己而已」。

還是可以打動天地。」

「該做的事，必須不問結果地去做。」

藉由上述或其他類似的教誨，尊德拯救了許多來到他跟前請求指導和救濟的困苦人們。就像這樣，尊德站在「自然」與人之間，將那些道德沉淪、放棄接受「自然」無私教誨的人們重新引向「自然」的方向。這個與我們同類、與我們留著同樣血液的人物，比起他的福音，近年來充斥在日本的西洋知識又算什麼！

5 其他公共事業

二宮尊德的信念重振了下野地方三個荒廢的村落。再也沒有人懷疑尊德的名聲，他開始不斷地受到日本全國各地的大名打擾。正如之前所述，他那不親切的態度幫他擋下了不少煩人事，但仍有不少人通過尊德對於「信念的考驗」。這些通過考驗的人，獲得了尊德賢明的建議和實際的援助。

在尊德的一生之中，曾有大約十位擁有廣大領地的大名為了改善荒廢的領土而借助尊德的力量，至於受到尊德幫助的村落更是不勝枚舉。到了晚年，尊德甚至為德川幕府所用[10]，對國家做出重大貢獻。然而，尊德的使命比較偏向於幫助身邊的人，因此他不太喜歡特權階級官場上和社交上的繁文縟節，還是和

10．一八四二（天保十三）年幕府請尊德擔任「御普請役」，制定利根川分水路工程的計畫書。一八四六（弘化三）年則提出了復興日光神領的計畫書。

與自己相同的貧苦勞動階級站在一起，讓他感覺更加自在。然而，很不可思議的是，他雖然是出生低微且缺乏教養的小農，但當他在與「上流階級」來往的時候，卻散發出「真正高貴」的氣息。

小田原藩主是尊德的領主，他受到尊德莫大的恩惠。小田原城下廣大的領土都在尊德的掌管之下，當中許多原本荒廢的土地，都靠著尊德不鬆懈的勤勉態度以及不變的「仁政」起死回生。尊德對於同藩的人們所做的最大貢獻之一是在一八三六年，當時的大飢荒讓數千人瀕臨死亡邊緣，領主（當時住在江戶）委託尊德火速前往救濟災民。尊德花了兩天的時間到達小田原，要求當地官員交出倉庫的鑰匙，開倉拯救災民。

「請交出領主親筆寫的授權文件。」尊德得到的卻是這樣高高在上的回應。

「好的。」尊德回答道。

「但是，從現在起到取得領主親筆寫的授權文件為止的這段時間，會有很多領民因此餓死。身為領民最忠實的保護者，我們也不能吃東西，就像領民現在吃不到東西一樣。在使者回來之前，官府內的所有人都必須斷食等待。如此一來，我們才多少能夠了解人們的痛苦。」

使者往返必須花上四天的時間，斷食四天對那些官員們來說是無法想像的痛苦，因此他們馬上將鑰匙交給尊德，立即展開救災任務。當有遭受飢荒之苦的人民等在門前，無論是什麼時代的哪個國家，任何有保護人民責任的統治者，都應該記住我們這位道德導師的做法。官方的做法往往必須經過一道道不必要的手續，而這只會延遲救濟在那段時間內繼續受苦的人們！

尊德知名的「飢荒賑災法」就是在這個時候發表的，他主要的聽眾都是一些被藩主交付掌管藩政重任的家老們。尊德的這段談話充分反映出尊德的特徵，下面介紹其中一部分內容。

「國家面臨饑荒，倉庫空虛，人們沒有東西可吃。天將其子民交給統治者，這當然是統治者的責任。引導人民向善，遠離邪惡，讓人們可以安心生活，這難道不是上天賦予統治者的使命嗎？這樣統治者才有資格拿高俸養活自己的家人，過著平安的生活。然而現在，人民遭受飢荒所苦，統治者卻不認為這是自己的責任。各位，天下再也沒有比這個更可歎的事了。這時，如果有救濟之策也就罷了，如果沒有，那麼統治者應該向天承認自己的罪過，自行斷食而**亡！**下面的大夫、郡奉行、代官等官員也同樣應該斷食而**亡**，因為是他們的怠職使得人民受苦。而這樣的犧牲馬上就可以看出對那些受飢荒所苦的人，造成什麼樣道德上的影響：

『諸位家老和奉行原本沒有任何的責任，卻為我們的窮困負上了責任。我們現在之所以會陷入饑荒，那是因為沒有趁豐收的時候做好準備，恣意奢華和浪費所致。是我們把優秀的官員逼上絕境，因此，我們會餓死也是應該的。』

如此一來，人們對飢餓的懼怕以及對餓死的恐慌就會消失，在心情冷靜、沒有懼怕的情況下，充分的糧食供給也就指日可待。富有者將自己擁有的東西分給貧困者，上山採集樹葉、樹根而食。僅僅一年的飢荒，不用擔心會花掉國家所有的穀物糧食，況且，山野裡還有許多綠色的食物可供溫飽。

國家會發生饑荒，主要是因為人民心中有所恐懼。恐懼之心奪走了人們尋求食物的氣力，最終招致死亡。**就算是沒有裝子彈的手槍，只要發射，還是有可能射死膽小的小鳥。同樣的道理，在糧食短缺的年分，光是飢餓**

的傳聞就足以嚇死人。因此，只要統治者率先餓死，人們對飢餓的恐懼就會消失，人心安定即可得救。不用等到郡奉行和代官等層級的官員犧牲，就可以看到良好的結果，所以只要家老們赴死便足矣。各位，這就是在苦無良策時，救民於饑荒的最佳辦法。」

聽完尊德的一番話，所有的家老們都愧疚不已，沉默許久後才終於開口：

「我們對您所說的話沒有任何異議。」

尊德很認真地說出這番重話來刺激家老們，當然，他並不是真的要大家付諸實行。賑災忠實地受到執行，用的是果決、勤勉、對受苦之人的同理心、信賴「自然」和「自然」互惠的法則等尊德一貫的做法。借貸穀物和金錢給貧困的農民，約定讓他們在五年之內以穀物分期償還。每一個人都正直無欺地遵守了他們的諾言，四萬零三百九十名的窮人，沒有一個人逾期償還！這全拜救濟者**最深的信賴**以及被救濟農民純真之心所賜。這件事情絕不可輕易忘記。

與「自然」齊步的人不性急，他們訂立的計畫不僅是為了度過一時的難關。也就是說，他們處於「自然」之中，幫助並加強「自然」原本的發展。如此一來，自己本身也會獲得幫助，可以昂首闊步向前行。有宇宙作後盾，再大的任務也無須驚慌。

尊德常說：「**萬物**皆有自然之道。」

「必須找出並遵循自然之道。如此，山才能平，海才能乾，大地才能為我所用。」

幕府曾命令尊德制定利根川下游沼澤[11]的排水計畫，並提出詳細的報告書。如果這個計畫得以實現，那麼可以為三重地方帶來莫大的公益。也就是說，可以將含有毒物質的淺水海域變成數千畝的肥沃土地，並可以排除洪水氾濫的河水，防止這個地方每年遭受莫大的損害，更可以為利根川和江戶灣間開拓出新的短程水路。開泥山闢沙地的距離全長十五哩，包括沼澤與海灣間的十哩以及沼澤內兩處要地間的五哩。幕府曾經不只一次試圖執行這項開拓計畫，但卻都無功而返。這項計畫一直在等待像雷賽布[12]這樣的偉大人物出現。

對於這個大工程，尊德呈給幕府的是一個耐人尋味的報告，不過他倒是一語道破了同樣規模的土木工程為何大多都失敗的主要原因。

報告中指出：「這項計畫或許可以辦到，也或許辦不到。」

「採取符合自然法則的唯一方法，那或許可以辦到。然而，人的本性基本上是不願意遵循自然的，如此大概就辦不到。我深知準備開鑿運河的那一帶居民有多麼地墮落，因此首先必須用『仁政』矯正他們的精神。這是在著手開鑿工程前一定要處理的事。花費金錢在墮落的人民上，不但無法得到與投入金錢相符的工作量，對他們也有不好的影響。然而，根據我的調查，以當地居民的個性看來，無論是用金錢或公權力都無法得到預期的效果。唯有讓他們懷有強烈的報恩意念，才有辦法打動他們、將他們凝聚在一起。因此，當務之急便是施以『仁政』，安撫鰥寡、保護孤兒，為現在道德淪喪的人們找回道德之心。只要人們找回真誠的心，接下來穿山鑿洞的工程也就易如反掌。也許這看起來像在繞遠路，但其實這才是最快且最有效率的方法。植物的根部不是包括了花朵及果實嗎？首先建立道德，之後才是工程。後者不可先於前者。」

11．指手賀沼和印旛沼。
12．斐迪南．德雷賽布（Ferdinand Marie Vicomte de Lesseps，一八〇五－一八九四），法國外交官，著名的蘇伊士運河由他主持開鑿。

現代的多數讀者也許會對政府當局不接受尊德這種不切實際的計畫，表示贊同吧。然而，就像「巴拿馬運河醜聞[13]」一般，有人懷疑，如此龐大的工程會失敗的最主要原因在於道德面而非財政面，如垃圾般埋在土裡的大量黃金，讓哥倫比亞和巴拿馬成為盜賊巢穴。從實用的角度看來，兩大洋與在峽谷鏟下第一鏟土的時候相比，沒有任何的改變，兩大洋間的距離依舊。偉大的法國技師如果一開始就擁有這位日本農夫的道德智慧，不知道事情會不會有什麼不一樣的發展？如果花費在工程上的六億當中，有一部分拿來施以「仁政」、改造人心，結局會不會有所不同？無疑地，雷賽布也不會因為這單一運河的醜聞而導致其他運河的功勳遭到抹滅，他可以將開鑿兩條運河[14]的成功之冠，驕傲地戴在他滿頭的白髮上。金錢讓許多事情變得可能，而道德則可讓金錢辦不到的事情變得可能。事實證明，在運河的建設計畫中加入**道德因素**的人，才是真正的大人物。

尊德一生中治理的土地就地理面積而言並不廣闊，但在社會階級嚴格的時代，以他的社會地位來說，其成就非常了不起。

在他經手的所有工程中，成績最顯著的是重建相當於今日磐城地方的相馬藩[15]。相馬藩內共有二百三十個村落，原本雖說不至於是最貧窮的地方，但現在已是日本國內最繁榮的土地之一。無論工作的規模如何，尊德採取的方法其實都很單純。他首先將所有的精神和氣力集中在當地最具代表性的村落——通常都是最貧窮的村落，用自己的方式讓那個村落起死回生後，該村落就成為了拯救其他村落的基地。在這位農民改革者的身邊產生了類似傳道的現象，大家都認為自己也應該像受到尊德幫助一般去幫助鄰村的人。在大家親眼見到驚人的成果後，就像注入了一股新的氣息一般，人們不吝提供他人援助，其他所有的村落也都採取相同的方式，這個簡單的傳播法則發揮了最大的效益。

「拯救一個村落的方法可以拯救全國，其原理是一樣的。」

面對疑問，尊德總是如此回答：

「全力以赴做好眼前的工作即可。總有一天，你做的工作會幫助拯救國家。」

---

13. 在揚名蘇伊士運河之後，雷賽布被任命為巴拿馬運河公司總經理，但最終由於經營不善，資金周轉不靈，公司宣告破產，他本人也因行賄官員的「巴拿馬運河醜聞」而官司纏身。
14. 指蘇伊士運河和巴拿馬運河。
15. 現在的福島縣相馬市。

這是尊德在制定重振日光地方荒廢村落計畫時，對弟子們所說的話。尊德知道他已經通曉永恆宇宙的法則，沒有什麼困難的工作他不能嘗試，也沒有什麼簡單的工作不值得他全力以赴。尊德辛勤工作，直到他生命結束前的最後一刻。今時今日，我們仍受到他與他的豐功偉業影響。多個經尊德之手重建的村落，現在繁榮的盛況都證明了尊德的智慧及其計畫的永久性。另一方面，日本到處都可以看到以尊德和尊德的教誨為名而團結起來的農民團體[16]，對於無助的勞動者而言，尊德的精神將永世流傳。

16．此指報德社。為實踐二宮尊德的報德主義所成立的公益組織，在日俄戰爭之後受到政府的支援，於一九二四（大正十三）年成立大日本報德社，規模拓展到日本全國。

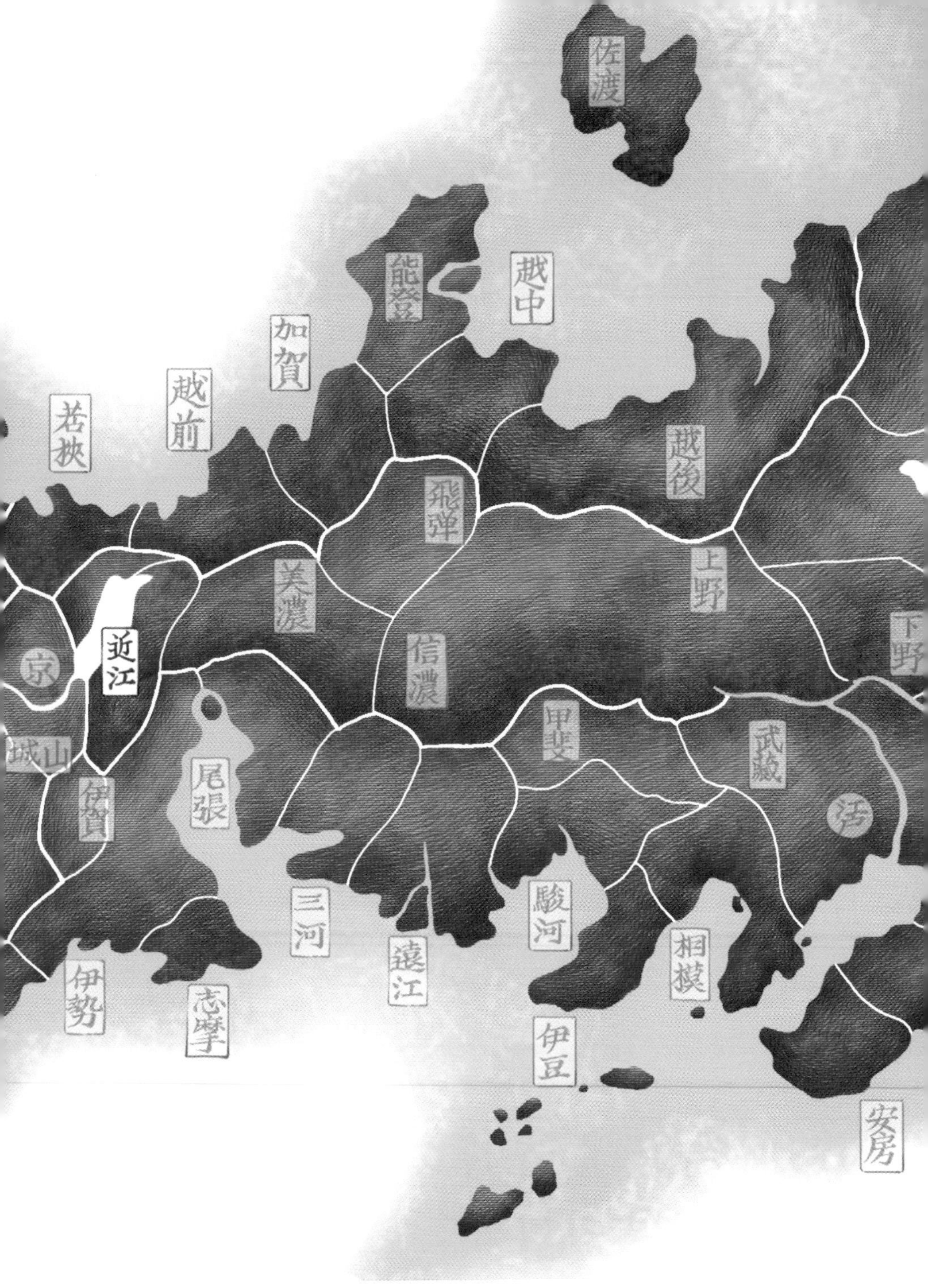
佐渡
能登
越中
加賀
越前
若挾
越後
飛弾
美濃
上野
下野
近江
京
信濃
甲斐
武蔵
山城
伊賀
尾張
江
三河
遠江
駿河
相模
伊勢
志摩
伊豆
安房

四 中江藤樹——村裡的老師

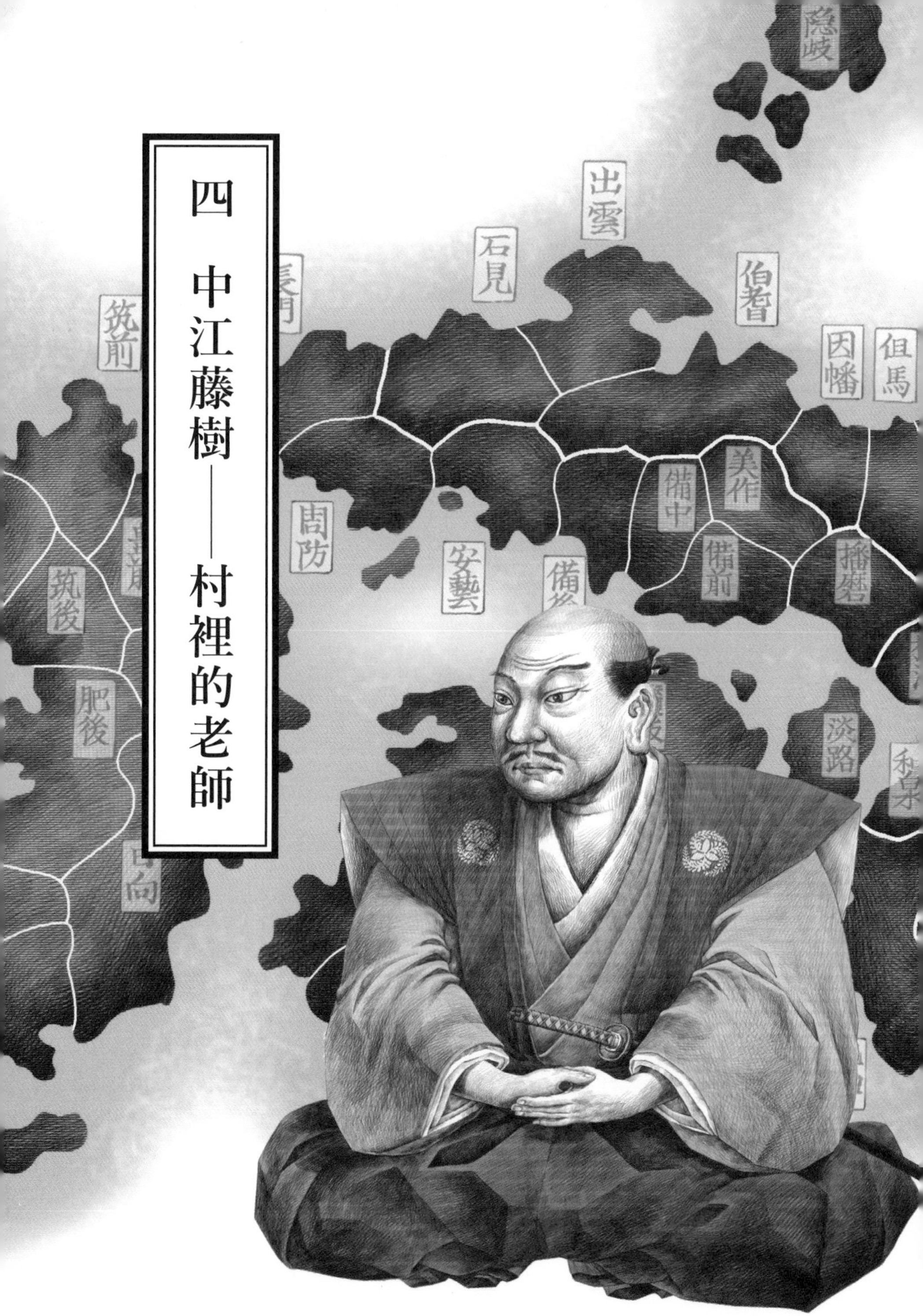

1　日本故有的教育

「在我們西洋人前來救贖你們之前，你們在日本都是接受什麼樣的教育？在我看來，日本人在異教徒當中屬於相當賢明的國民。你們會有今天，想必是接受過道德和知識的教育。」

在我離開母國、站在一群文明的西洋人之中時，經常會被問到這樣的問題。面對這樣的問題，我都會如此回答：

「是的，我們也有接受學校教育，而且是非常好的教育。『十誡』當中最起碼有八誡都是在母親膝下、由父親教導給我們的。力量**不是**真正的正義、天地**不是**建立在利己主義之上、偷竊在任何情況之下都**不**被允許、生命和財產對我們而言**不是**最終的目的等，我們還學到許多其他的道理。

我們有學校也有教師，但這與各位熟悉，且我國現在也正在模仿的西式學校教育完全不一樣。首先，我們絕對不把學校當成是販賣知識的商店。我們去學校的目的不在於累積知識好用來賺取生活費，而是為了成為一個**真正頂天立地的人**。我們稱這樣的人為**君子**，與英文的紳士（gentlemen）相似。

另外，我們的學校不會同時教授多個科目。這是因為我們都只有一個腦，而沒有多個腦。以前的教師認為不應該在有限的年月裡硬塞進所有的知識（我認為這是賢明的做法），這是我們過去的教育制度中優秀的特徵之一。

學校雖然也會教授一定程度的『歷史』、『詩』、『禮儀規範』等，但最主要還是在教導『道德』，而且是實踐的道德。學校絕不勉強觀念性的或是神智學[1]、神學方面的道德。我國的佛學者們深居於山裡的岩洞中，探討傳說中的龜殼上有幾根毛等許多枝微末節的問題。而居住在平地的我

1．超越人類合理主義的認知，與直觀、神秘的神明建立關係的信仰與思想。

們面對的是實際的問題，沒有必要為那樣的問題所擾。總而言之，我們的學校絕對不會教授神學，如果想要學習神學，去寺廟自然可以學到。我們的學校沒有其他國家常見的教派之爭，這是我們舊有教育制度的另一個優秀特徵。

我們的學校也沒有分班級。以前的學校不會將有靈魂的人像畫分澳洲牧場的羊一般分等級，教師認為人類是無法加以分別歸類的，必須面對面、靈魂對靈魂，用不同的方式對待，我也十分贊同這樣的想法。我們的教師會針對我們每一個人個別的肉體、知性以及精神上特徵，用不同的方式教學。**教師充分掌握我們每一個人的名字**。就像驢子和馬絕不會被套上同一種挽具的一般，不用擔心驢子會因鞭打而變笨，也不用害怕馬會因受到過度使用而早逝。基於現代所說的適者生存原理之下設計的教育制度，**不適合**用來培養**君子**（gentlemen）。關於這一點，我們以前的教師，他們的教育理論其實與蘇格拉底和柏拉圖相同。

當然，在這樣的教育制度之下，教師與學生的關係十分密切。教師不曾被稱為『教授』這樣有距離感的名稱，而是被稱為『先生』，指的是『先出生的人』。有時雖然不見得是比自己先出生的，但『先生』不僅是先出生在這個世上的人，更是先了解真理的人。因此，『先生』受到最高的尊敬，對於『先生』的尊敬與對雙親和藩主是相同的。實際上，『先生』、雙親以及君主（主公）是三位一體的，受到最深的景仰。對於日本的年輕人而言，最大的難題是如果三者同時落水，而自己又只有能力救其中的一人，到底應該要先救誰？弟子為『先生』奉獻自己的生命被認為是最高的美德。然而，在現代的教育**制度**之下，從未聽說過有學生為『教授』奉獻自己的生命。

由於在我們的腦海裡有這種『先生』與弟子的關係，才能夠立即理解基督教《聖經》中所敘述的師與弟子的關係。看到《聖經》中寫到弟子不會超越師父，僕人不會超越主人，而好的牧羊人會為羊捨命[2]，我們直覺認為這些都是從以前就知道的道理。我們反而認為，基督徒要來教導我們《聖經》的道理，但卻只把師當作是一般的教授，把弟子當作一般的學生，似

2．出自《新約聖經．約翰福音》十章十一節「我是好牧人；好牧人為羊捨命」。

乎比我們更不懂得《聖經》的涵義，真是一件不可思議的事。

我們並不是說舊有的東西全部比新的東西優秀。只是，舊的東西不見得都是不好的，而新的東西也未必就是最好或是最完美的。新的東西尚有改良的餘地，舊有的東西也有值得再利用的要素。另外，讓我們完全丟棄舊有的東西、全面接受新的東西，怎麼都無法讓我們信服。」

我總是做出上述的回答，今後也會繼續如此回答。只不過，我的答案不是很受歡迎，因為我們不像西洋人所想的一般順從，不是什麼都學習西洋，任他們擺布。如果是這樣的話，我們更應該強化我們的「頑固」、「非包容性」以及「排外性」，在此舉出一位我們理想中的學校教師（先生），介紹他受人尊敬的生涯。希望可以藉此提供一、二個線索給注意到日本青少年教育的西洋友人參考。

2 少年時代與自覺

關原之戰八年後、大阪城失守七年前的西元一六〇八年，一位德高望重且想法前衛的思想家在琵琶湖西岸的近江地方[3]誕生了，至此之前日本從來沒有出現過像他這樣的人。在他的出生地附近有一座比良山，曲線圓滑的山形倒映在下方如鏡般清澈的湖面上。當時，男子主要的工作還是征戰，而女子則繼續活在歎息與悲傷的日子裡。對務實者而言，追求學問與思想是完全沒有價值的一件事。中江藤樹的雙親住在離近江很遠的四國，他完全是由祖父母拉拔長大的。

自小時候起，無論是在同年齡的孩子或是在習武的武士子弟當中，中江藤樹很早就嶄露頭角。早在他十一歲的時候就讀過孔子的《大學》，訂立了將來

3．近江國高島郡上小川村（現在的滋賀縣高島郡安曇川町）。

一生的志向。《大學》裡有這一段話：

從天子到庶人，人的首要目的皆為端正的生活。[4]

中江藤樹讀到這段話的時候，興奮地叫了出來。

「竟然有這樣的書，真是太感謝上天了。」

「我豈能不立志做一個聖人！」中江藤樹哭著說道。

他一生不忘當時的感動。「做一個聖人」是多麼偉大的志向啊！

這個少年不是僅僅低頭默禱，或只會自省吾身的神經質弱者。有一天，暴徒襲擊了祖父家。中江藤樹手持刀刃，率先衝向暴徒，英勇地將暴徒擊退。之後，「他表現出與平常完全相同的冷靜態度」。當時他僅十三歲。

同一時期，他被送往一位具有學識、名為「天梁」的僧人那裡學習漢詩與書法。這個早熟的少年向老師提出了許多疑問，其中又以下面這個問題最能看出中江藤樹是一個怎麼樣的人。

「我聽說佛陀誕生的時候，一手指天，另一手指地，並說天上天下唯我獨尊。請告訴我世上真的有這麼傲慢的人嗎？老師您又為什麼會把這樣的人當作理想人物景仰呢？」

這個少年在之後的歲月裡也始終無法喜歡佛教。中江藤樹心目中的理想人物要能貫徹謙讓的態度，而佛陀並不是這樣的人。

在他十七歲的時候，當時還是一個缺乏書籍的年代，中江藤樹好不容易收齊了孔子的「四書[5]」，於是「四書」更增加了中江藤樹的學習欲望。中江藤樹只要一有空，就忘情地埋首於他好不容易取得的知識寶庫中苦讀。然而在當時的年代，武士的本分是征戰，讀書則被認為是僧侶或隱士做的事而受到輕視，使得年輕的中江藤樹必須偷偷躲起來讀書。白天的時候，他把所有的時間都拿來練武，只有晚上才可以專心讀書。然而，中江藤樹偷偷讀書的秘密很快就被發現了。有一天，夥伴中有一人戲稱他為「孔子」。當時他每晚都埋頭苦讀孔子著作，與當時粗魯的其他年輕人相比，是少見的文靜，他的夥伴顯然是在取笑他。

4．出自《大學》中的「自天子以至於庶人，壹是皆以修身為本」。

5．朱子學將《論語》、《孟子》、《大學》、《中庸》列為必讀的經典，稱為四書。

「無知之徒！」文靜的少年怒吼著。

「孔子過世已經二千年了。你這樣叫我是想要侮蔑聖人嗎？還是想要嘲笑我喜愛學問呢？真是受不了！武士的工作不是只有征戰，平時還肩負其他的任務。沒有學識的武士只是一個物品、一個奴隸。你難道甘願做奴隸嗎？」

中江藤樹如雷聲般的怒吼起了作用，那名取笑他的男子承認了自己的無知，之後就再也沒有說過什麼了。

到了中江藤樹二十二歲的時候，慈祥的祖父母相繼去世，他的父親也離開了人世，中江藤樹一生中與父親相處的時間非常短暫。逆境讓中江藤樹變得更加多愁善感，他成為了一個容易掉淚且極富同情心的人。現在讓中江藤樹唯一掛心的人，就只剩住在近江的母親了。當時的中江藤樹已經因為他的學問和高尚的品性而名聲日益響亮，名譽和高俸指日可待，可說是前途無量。然而，對中江藤樹而言，唯一的母親是這個世界上最重要的存在。從那個時候開始，中江藤樹最關心的就是他的母親。

3 景仰母親

中江藤樹原本希望將母親接到自己的身邊，侍奉伊予國[6]的藩主[7]。但在知道這是不可能的事之後，他決定離開藩主，守在母親的身旁、寸步不離。中江藤樹是在心中經過幾番掙扎後才做出這樣的決定。他給了家老一封信，信中寫明了自己為何會棄藩主而選擇母親的理由。信中內容如下：

> 我在心中審慎評估了到底該選哪一條路。對於主公而言，只要給予相當的報酬，一定可以找到許多像我這樣的家臣。而我的老母親除了我之外，沒有任何人可以依靠。

6．現在的愛媛縣。
7．最初是大州藩主加藤泰興，接著是分家後弟弟的新谷藩主加藤直泰。

中江藤樹是如此處理「三位一體」的難題，他選擇回到了母親的身邊，留下了相當數量的米糧、住屋和家具等財產。

中江藤樹回到母親身邊，內心得到了平靜。然而，他卻沒有任何東西可以供養母親。當他回到家的時候，身上僅有百文，他用這些錢買了酒。過去的學者教授現在成為了商人，向鄰近的幾個村子兜售酒換取微薄的金錢度日。這些全部都是為了他的母親。另外，他還賣掉了被視為「武士靈魂」的刀，換得十枚銀幣。接著他把這筆錢借給村人，靠著收取些許的利息為小家庭簡樸的生活開拓新的收入來源。他一點都不以做這些工作為恥。對中江藤樹而言，母親的笑容就是他的天堂，沒有比母親的笑容更寶貴的東西了。

中江藤樹過了兩年這樣貧窮且默默無聞的生活。他的著書中說道，這段時間是他一生中最幸福的日子。只要離開母親的身邊他就會睡不著，「夜裡夢到母親，輾轉難眠」。之後會再詳加介紹，中江藤樹的道德體系以為人子的義務（稱作「孝」）為中心，如果欠缺這個中心義務，中江藤樹就等於失去了一切，心中無法平靜。我們知道中江藤樹一生的目的為何，那就是成為聖人。成為一個完人在中江藤樹眼中，是比成為一個學者或思想家更偉大的事。然而，世人也需要中江藤樹同時是一個學者與思想家，終於，中江藤樹用自己的學問幫助他人的機會來臨了。

4 近江的聖人

在中江藤樹二十八歲的時候，他放棄經商，在村裡開設了學校。當時，開設學校是一件比什麼都簡單的事。自己的住處同時是學生的宿舍、禮堂和教室。他把孔子的畫像高掛在正中央，弟子們在畫像前焚香，恭敬莊嚴地舉行拜師儀式。學科並不包括科學或數學，只教授中國古典、歷史、作詩以及書法。學校教育是一個微小且不起眼的事業，而且必須花上很長的一段時間才能看到其影響，是一個讓天使羨慕但卻受世間愛出風頭之人輕視的工作。

住在鄉下的中江藤樹，到生命的最後一刻為止都過著平靜快樂的日子。然而，如後所述，一個偶然的機會讓中江藤樹的名字受到世間的注目。中江藤樹很不喜歡出名，「心」是他的王國，在內心世界中他擁有自己的一切，甚至超越他所有的一切。中江藤樹非常關心村裡發生的大小事，他為被告的村人調停，坐轎子的時候還會教導轎夫「人之道」等。像這樣的事情在樸實的村人間流傳了開來，從每一件事蹟中都可以看出中江藤樹的人生觀。他對於「積善」有下列的看法：

無論是誰都討厭惡名，喜好名聲。不積小善無法揚名，但小人卻不把小善放在眼裡；相反地，君子不錯過每日行小善的機會，有機會的話也會行大善，但不強求。大善少而小善多。大善可以帶來名聲，而小善則可帶來品德。世人因為喜歡名聲而追求大善。然而，如果是為了追求名聲而行善，無論是什麼樣的大善都會變得渺小。君子從許多的小善當中得到品德。沒有比品德更好的善事，品德是所有大善的根源。

在中江藤樹的眾多教誨中，最特別的就是他非常重視弟子的品德與人格，而不重視學問與知識。對於什麼樣的人才是真正的學者，中江藤樹的想法如下：

「學者」是給予有品德之人的稱號，和學識沒有關係。學識僅是學才，一出生便具備這樣才能的人，想要成為一名學者並不困難。然而，無論學識再怎麼豐富，欠缺品德就稱不上是學者。光有學識的人也僅是一個普通人，而無學識者只要具備品德就不是個普通人，雖然沒有學識，但卻稱得上是學者。

這位老師就像這樣過了幾年「默默無聞」的平淡生活，除了鄰近村人之外，沒有人知道他的存在。然而，上天不可能埋沒這樣的人才，中江藤樹終於從一個無名小卒變成了家喻戶曉的人物。

有一個青年從岡山出發，在日本全國遍尋可被稱作「先生」景仰的聖人。青年心中這個特別的目的與以前的「博士」們尋找「猶太人之王」的旅程[8]相似。青年向首都所在的東方前進，他相信在都城，除了王公貴族之外，一定也可以遇到聖人。他途經近江國，借宿在鄉間的旅館裡。僅用薄薄的隔板隔開的隔壁房間來了兩個旅人。兩人很明顯也是最近才剛相識。青年被兩人的對話所吸引。其中一名武士訴說了下面這個故事。

事情發生在我受主公所託前往都城，帶了數百兩黃金準備回國的路上。我向來都是把黃金放在身上，但在進到這個村落的那一天，我一反常態，將荷包綁在那天下午租借的馬的馬鞍上。我回到旅館後，忘了自己將荷包綁在馬鞍上，將馬鞍和馬一起還給了馬夫。過了一陣子我才想起自己忘了一件重要的事，你應該可以想像當時我有多麼地苦惱吧。我不知道馬夫的名字，根本不可能找到他。就算找到了馬夫，如果他已經把錢花光了，那我又該怎麼辦？這是我的疏失，沒有任何辯解的餘地。我只剩下一個方法可以向主公認錯請求原諒（當時的人命並不尊貴）。我各寫了一封信給家老和親戚，做好了迎接我生命最後一刻的準備。

就在我跌入苦惱的深淵時，夜裡有人激烈地拍打旅館的門，一位車夫打扮的男子要求與我見面。當我看到那名男子時，著實地大吃一驚，他正是我下午騎的那匹馬的馬夫本人。男子看到我後立即說道：

「武士先生，您是不是有一樣重要的東西忘在馬鞍上？我回家看到之

8・《新約聖經・馬太福音》二章中記載，東方的博士們依天上星星的指示，踏上尋找耶穌的旅程。

後立即折返，這是您的東西。」

說完後，馬夫將我的荷包放在我的面前。我高興地連自己現在身在何處都不知道了。

我回過神後向馬夫說道：

「你是我的救命恩人。為了答謝你的救命之恩，請接受這裡四分之一的黃金。你可說是我的再生父母。」

然而，馬夫卻不肯接受。

「我沒資格接受這麼貴重的東西。荷包本來就是您的，您拿回去也是應該的。」

馬夫對於眼前的黃金完全無動於衷。我又提出了十五兩的謝禮，但馬夫依舊不肯收下。五兩、二兩，最後他甚至連一兩都不肯收下。終於，馬夫開口說道：

「我是個窮人。為此我從家裡趕了四里（十哩）路來，你就算是補我一雙草鞋，給我四文錢（一分的百分之四）就好，好嗎？」

結果馬夫只肯收下二百文（二分）。在馬夫開心地準備離去時，我攔下他，問道：

「你為何這麼無欲無求，正直且誠實呢？請你一定要告訴我原因。我從未想過在現在的世道，竟可以遇到像你這麼正直的人。」

貧窮的男子回答：

「在我居住的小川村裡，有一個名為中江藤樹的人，是他教導我們的。先生說，人生的目的不僅僅在於獲利，而是正直地遵循正道、人道。我們所有的村民只是遵從先生的教誨罷了。」

聽完武士說的故事後，青年如大旱遇甘霖般叫道：

「這個人正是我在尋找的聖人。明天早上我一定要拜訪他，請他收我為僕或為徒。」

隔天，青年立刻前往小川村拜訪聖人。青年在說明來意後低下頭，誠心誠意地請求中江藤樹收他為弟子。中江藤樹嚇了一大跳，自己只是一個村裡的教師，並非可以承受遠方而來的有為青年如此大禮之人。教師慎重地婉拒了年輕武士的請求。然而，武士十分堅持，不肯輕易地從他決心拜師的人面前離去。

但教師的意志也很堅決，他認為青年一定是誤會了，自己只是村裡孩子們的老師罷了。這場堅持和謙虛的拉鋸戰，兩者到最後都互不退讓。

武士知道無論他怎麼說、怎麼拜託，老師都不可能會答應他的要求，唯有堅持下去才能夠戰勝聖人的謙虛。於是，他在中江藤樹家門前攤開外衣，將大小刀放在一旁，兩手放在膝上，正襟危坐。他不懼日曬、雨淋以及來往行人的閒言閒語，只是默默地坐著。當時是夏天，他還飽受蚊子之擾。然而，無論發生什麼事，青年都一動也不動，就像青年心中的目的沒有一絲動搖一般。三天三夜，無聲的請求雖然傳達給了在家中的老師，但青年還是等不到老師允諾的一句話。

就在這個時候，中江藤樹全能的母親為這名青年擔任了中間人的角色。母親是這麼想的，既然這名青年如此地誠心誠意，自己的兒子也不能不聞不問，應該把他收為弟子。與其拒絕，收他為弟子對兒子而言也是一件好事。老師也重新思考了這個問題，如果母親認為適當，那麼一定不會錯。就這樣，老師終於屈服，武士成為了「先生」的弟子。

這名青年就是熊澤蕃山。熊澤蕃山將來是擔任大藩岡山財政和行政事務的官員，在他的帶領之下，進行了多項影響後世深遠的改革，到現在都還可以看到他的影響。就算中江藤樹的弟子只有這麼一號人物，他仍會作為這個國家最大的恩人之一被記得。為了理解老師交付給弟子的工作有多麼重大的意義，應該要再寫一本有關這個弟子的書。就像這樣，在神的旨意之下，讓喜歡夜光的寶石在白天的日光之下也能大放異彩！

關於這個沉默寡言的人，還有另一段引人注目的故事。我打算以這個故事為中江藤樹的人格方面做個結。事情發生在岡山藩主（池田光政）來訪的時候。熊澤蕃山在成為岡山藩的家臣之後，將自己老師偉大的人格告訴了藩主。在當時有嚴格身分階級之分的年代，藩主的到訪是一件前所未有的大事。相較於中江藤樹一介無名小卒，對方可是國內大藩之一的藩主。這麼說來，藩主的訪問不僅是受訪者本身，對於造訪者而言也是一則非常謙遜的美談。

然而，不如大藩大名所預期，藩主到訪的時候老師和村人完全沒有做出迎賓的準備。當浩浩蕩蕩的一行人來到老師的住所前時，老師正在家中教導村裡的孩子讀《孝經》。岡山藩主要求與老師會面，老師卻請藩主在玄關靜候課堂結束。大名從來沒有受過這樣的待遇。大名和所有的隨從在外等待，而室內卻像什麼事情也沒有發生般地繼續講課。

終於，老師用與平常無異的態度迎接賓客入內，藩主提出了希望老師能擔任官職，當自己的老師並給予建言的要求。但老師以自己的使命是這個村子與母親為由，加以拒絕。藩主這趟史無前例的訪問，所獲得的收穫僅是將自己的名字列入老師的門下，以及老師允諾派長子代替自己前往岡山任官而已。這位老師面對前來求救的青年是如此地謙遜，然而，面對到訪的藩主卻是如此的威風凜凜、堂堂正正。中江藤樹的確是一個能夠給予建言、值得被稱為「近江聖人」的人物，他受到全國人民的尊敬，其他還有許多大名特地來向他討教領地內的各項事宜。

扣除上述的事蹟，中江藤樹的一生十分安穩平靜。關於他生活面的敘述就到此為止。對於傾向用夫妻關係來判斷人的西洋讀者，應該很好奇中江藤樹與妻子之間的事。中江藤樹是儒學家，遵守嚴格的一夫一妻制。遵循中國古代聖賢的教誨，於三十歲的時候結婚[9]。這位成為他人生伴侶的女性容貌並不姣好，母親擔心他會受人批評，因此建議他再娶，當時這種事非常普遍。然而，無論什麼事都對母親言聽計從的好兒子，唯有這件事沒有照做。

「雖是母親的話，但我仍不能違反天道。」

結果，這位女性與中江藤樹度過一生，育有二子，是一位典型的日本妻子，「願為夫君的榮耀犧牲自己的榮耀」。在中江藤樹所著的《女訓》中描繪了他心中理想的女性，完全就是受到夫人美麗的內在啟發。當中有下列的記述：

男與女的關係就有如天與地。天是力（virtus），萬物皆由天而生。地則是受容的一方，接受天所生的一切加以孕育。這就是夫與妻的和。前者生，後者成。

我相信基督教對於這樣的女性觀念應該不會有異議。

9．《禮記》記載「三十曰壯，有室」。

5 內心世界

中江藤樹貧困與簡樸的外表，與他內心世界的豐富及多樣完全不成比例。在他的內心世界裡有一個王國，而他自己就是王國的君主。中江藤樹內在的充實，自然地反映在他沉穩的外表上。中江藤樹就如同人們稱之為天使般的人物一樣，擁有「九分的靈魂與一分的血肉」。我甚至懷疑，就算是擁有進步的「救贖論」和「末世論」思想的我們，是否能夠有中江藤樹一半的幸福？

如今已有中江藤樹的兩個後世弟子，苦心將他的著作集結編輯成十冊大開本的套書[10]。在這個人們質疑日本過去是否存在著有體系思想的時代，這套書可以一目了然地看到這位過去實際存在人物的全貌。書中收錄了中江藤樹的略傳、村民的回憶、中國古典書籍的註解、講義、論文、對談、書信、隨筆、座談、和歌與漢詩等。我所扮演的角色僅僅是引導讀者進入中江藤樹內心世界的介紹人。

中江藤樹的學術生涯可以明確分成兩個階段。第一個階段與當時日本全國的其他學者相同，受到保守的朱子學影響。根據朱子學，中江藤樹不斷地探求自己的內在世界。不難想像，對於這個心思細膩的年輕學者而言，不斷地反省自己內在的缺點和弱點，反而容易造成神經過度敏感。從他初期的生涯和著作當中，明顯反映出他過度追求自我探索的結果。中江藤樹的《大學啟蒙》是他二十一歲時的著作，此時他正處於這第一個階段。如果中江藤樹沒有接觸到王陽明這個思想先進的中國人與他的著作，進而懷抱新的希望，那他又會變得如何？受到悲觀朱子學的壓迫，恐怕會讓原本就消極的中江藤樹像其他許多人一樣，被逼過著不健全的隱遁生活。

在「大西鄉」的章節裡我已有幸介紹這位著名思想家的思想。受到採用陽明學的中國文化影響，我們才免於成為內向、膽小、保守且退步的國民。這是至今的日本歷史裡被承認的事實。今日的孔子論者一致認同孔子是一個思想進步的優秀人物，然而孔子卻被思想退步的同胞加以自我解釋，改成現在的型態

10．指一八九三（明治二十六）年五月發行的《藤樹全書》全十冊，由滋賀縣高島郡的志村巳之助和齊藤耕三所編。

呈現在世人面前。而王陽明反將孔子內心進步的一面加以發揚光大，為錯誤詮釋孔子的人帶來了新希望。王陽明也幫助了我們的中江藤樹，讓他用全新的角度來看孔子。近江聖人成為實踐之人，他曾留下歌頌陽明學的詩歌。

路再黑也要勇往直前
一切終將雨過天晴
時保高遠志向
點石也可能成金
就算是看不見終點的路
唯有犧牲小我方能完成大我

有誰可以想像這是一個在平和村落的老師所寫之作？

前文介紹過中江藤樹有為中國古典書籍做註解，解說書在中江藤樹的所有著作中占有最重要的地位。但我不希望大家把他想成當時一般的「解說者」。中江藤樹是一個非常具有創造力的人，但由於他性格原本就十分謙遜，因此他藉由為古典書籍做註解這種學問來表現自己。中江藤樹對於古典書籍完全採取自由的態度，從他對弟子一再重複的話語中可以看出：

「就算是聖賢的論著，也會有許多是不適用於當代社會狀態的。」

於是，中江藤樹在自己的學校裡使用的是經過自己修訂的古籍。如果今天中江藤樹還活著，恐怕是接受「異端審判」的典型代表！

中江藤樹明確地區分了人為的「法（nomos）」與外在的「真理（道、logos）」，他曾說過下面的名言：

> 道與法有別。許多人視二者為一，但這是錯誤的想法。法，會根據時代，甚至根據中國聖賢不同而改變，傳到我國來之後更是不同。然而道是永恆不變的，在德之前就先有道。在人類出現之前，宇宙之間就已經有道。就算人類毀滅、天地歸於無，道依舊長存。然而，法是根據時代的必要而制定出來的東西，當時與地改變，聖人的法與世間不合時，還是有可能違背道。

這就如同《聖經》被今日極端的靈感論者[11]視為確實無誤的聖書一般，儒家的「經書」在當時也被認為是絕對正確的。在這種精神下所寫的解說書當然是屬於大膽、驚人以及創新的。

而如此無畏無懼且獨立自主的中江藤樹，在其倫理體系中將謙讓的美德放第一也是不爭的事實。對他而言，謙讓的美德是衍生其他一切道德的基礎，欠缺了謙讓，就不會有其他的品德。

> 學者首先必須捨去傲慢之心，追求謙讓的美德。若不如此，就算再有學問也無法跳脫凡夫俗子的地位。傲慢會招來禍害，謙讓才是天的法則。謙讓是虛，若能虛心，自然可以判斷善惡。

關於「虛」的意思，中江藤樹有下列的說明：

> 從以前就開始追求真理的人，會為這個字感到困惑。心靈即是虛，虛即是心靈。必須將此謹記在心。

想到達到這項高尚的品德，中江藤樹的方法其實很簡單。他是這麼說的：

如果希望擁有高尚的品德，那麼每日都要行善。一善可以消除一惡。每日皆行善則每日皆可除惡。就像如果白天長則夜晚自然短一般，只要努力行善，便可消除所有的惡。

這樣虛心的態度帶給中江藤樹最大的滿足，他憐憫無法捨去利己之心的人，曾經說過這樣的話：

牢獄外還有牢獄，
牢獄之大可以容納世界。
對於名譽、利益、傲慢、慾望的執著就是牢獄的四面牆。
可悲的是，有許許多多的人被關在裡面，

11．主張《聖經》的每一字句，都是在神的掌管底下而寫成，因此《聖經》完全沒有錯誤、在教義中也沒有謬誤。

讓人不勝唏噓。

中江藤樹比什麼都厭惡「願望」這等慾望。由於佛教中對於願望的色彩十分濃厚，因此沒有成為中江藤樹信仰的宗教。比方說，如果做善事的目的是為了得善報，那麼就算善報是下輩子的事，中江藤樹也十分反對。正義是不需要其他任何動機的。他不期待來世的生活有所報酬，就算來世有善報，也絲毫不影響中江藤樹實踐正義與「天道」所得到的喜悅。

中江藤樹的母親對於兒子遠離佛教的信仰、尊崇儒教這件事，感到非常悲傷。他曾寫過下面這封信給他的母親。

我可以理解您重視來世的心情。然而，如果您重視來世，那麼就更應該重視今世。如果今世迷惘，那麼來世也只會繼續迷惘。

……人生無常，不知明日會如何，沒有什麼事情比崇敬我們心中的佛祖更為重要。

中江藤樹並不是一個無神論者，這點從他對我國諸神表現的深切敬意中便可看出。然而，中江藤樹的信仰除了祈求成為一個堂堂正正的人之外，對於其他的「願望」，他可說是全無所求。

中江藤樹的一生快樂無憂，從他的著作當中，完全看不出他有絲毫的意志消沉。從我們對於神與宇宙的思想看來，很難想像為何陽明學派的中江藤樹可以如此的幸福。

一首名為〈冬日〉的詩歌，反映出他一直不變的喜悅心情。

世間若無櫻花開
春閒何處尋

另外還有一首類似的詩歌。

世間憂心事
學而安則樂

然而，中江藤樹並不長命。妻子過世後兩年，在他滿四十歲的一六四八年秋天，中江藤樹迎接了生命的最終章。他知道自己將不久於人世，於是召集了門下所有弟子，正襟危坐地告誡弟子：

「我是時候離開這個世間了，希望我們的正道不會從這個國家消失。」

說完便辭世了。鄰近的人全都為他著喪服，諸大名皆派官員來表示對尊師的敬意，國家替他舉行喪禮，推崇品德和正義的人們為國家重大的損失哀悼。

幾年後，村人著手修建中江藤樹的舊居，被完整地保留至今[12]。人們還搭建了供奉中江藤樹的神社[13]，每年會舉行兩次祭典來紀念他。只要有人來墓前祭拜中江藤樹，村人們都會著簡單樸素的禮服引導。一個活在三百年前以上的人為何會受到如此的尊敬呢？村人對於這個問題總是如此回答：

「鄰近這個村子的所有人都父慈子孝兄友弟恭，家裡聽不到怒罵聲，每一個人都和顏悅色。這些全拜藤樹先生的教誨以及他對後世的感化所賜。我們十分感謝並尊崇先生。」

現在的我們，為了「感化」他人，敲鑼打鼓，利用各式新聞媒體創造話題，對於真正的感化到底是什麼，也許我們應該向中江藤樹學習。就如同玫瑰不知道自己的香氣一般，中江藤樹並不知道自己的影響力有多大。如果我們無法像中江藤樹一般過著平和的生活，就算用盡一生寫文章、說教、手腳並用地闡述道理，最終除了「一塊榻榻米大的墳場」外還能留下什麼？

中江藤樹曾經說過：

「無論是山谷裡或是鄉野間，這個國家到處都有聖賢。然而，如果那個人自己不出現，不會有人知道他的存在，這才是真正的聖賢。聲名遠播的人，稱不上是真正的聖賢。」

不知是幸與不幸，中江藤樹終究是「聲名遠播」（當然這並非他本人所願）。從中江藤樹身上我們可以學到，像他這樣擁有遠大志向的人，就算默默地生活，還是擁有強大的影響力。以前的日本就是有像這樣的聖人，願意待在山谷裡的學校，保護人們遠離一切世俗惡習。在輕忽品德與感化的現代教育制度之下，

12．作為藤樹書院獲得保存。然而，書院於一八八〇（明治十三）年被大火燒盡，二年後重建。

13．指的是一八八二（明治十五）年於藤樹書院內搭建的祠堂。現在書院附近的藤樹神社是於一九二二（大正十一）年所搭建。

我們是否有辦法抑制在彼此間蔓延的一切世俗惡習？**如果沒有更多的中江藤樹出現在這個國家**，我們恐怕將會聽到「腦充血」、「手腳的血液都被抽乾，馬上就要腦出血而死」的悲鳴。

越後
上野
下野
常陸
武藏
相模
下總
上總
安房

五　日蓮上人——佛僧

1　日本的佛教

宗教是人類最關心的事。正確來說應該是，人類離不開宗教。人十分奇妙，我們的願望往往超出自己能力範圍所及，我們的期望更超出世上所能給予的。為了消除這種矛盾，就算不採取行動，最起碼在思想層面上也必須有所動作。

我們經常會聽到有些人說他們是「無宗教信仰」者。但這些人僅是沒有奉行某一特定的教義、沒有被某一宗教團體引領，或是沒有膜拜心中的神或用木、金屬做的神像罷了。就算如此，這些人也是有宗教信仰的。他們只是用「拜金主義」、「祭酒」、其他催眠或鎮定自己的方式來景仰心中那股「不可思議的力量」而已。宗教是一個人對人生的解釋。為了在這個如戰場般的世上安心生活，賦予人生某種解釋是必要的。

另外，還有「死亡」這個貧窮人最希望而富人最害怕的問題。「死亡」是比任何問題都重要的大問題。只要是存在「死亡」的地方就一定缺少不了「宗教」。這也許證明了人類軟弱的一面，但這同時也證明了人類崇高的生命以及不死的精神。**死而不滅**是所有亞當子孫所嚮往的。

與宗教色彩濃厚的希伯來人和印度人一樣，我們日本人也十分嚮往「不死」。二十幾個世紀以來，我們從未聽過「復活」的傳說。雖然如此，我們仍舊靠著好的宗教信仰，甚至有些人認為是非常好的方式來克服死亡。櫻花妝點的愉悅春天、楓葉染紅的閑靜秋天，我們以這片美麗的國土為家，過著安穩的家庭生活，度過一生。人生對我們而言並不是一個重擔，正因為如此，死亡對我們來說是非常悲傷的事。「長命百歲」是我們希望永生的願望，因此一想到死亡，就會感到加倍的痛苦。無論是神道教所言的神之住所或是佛教所言的西方極樂世界，我們藉由相信死後將會被引導到另一個更美好的世界來減輕痛苦。恐懼死亡並非膽小，而是因為我們深愛這片美麗的土地。當命運和義務召喚我們離開這片美麗的土地時，我們必須要有一個能夠託付的宗教。

日本人擁有自己的宗教。其來自中亞，是個擁有眾多可能性的宗教，很難用三言兩語說明這原本是一個什麼樣的宗教。有人說日本的宗教與摩西的宗教相似[1]，另外也有人試圖在我們當中尋找「猶太人失落的十個支派[2]」的記錄。不管怎麼說，我們的宗教終究被更複雜且被視為更發達、起源於印度的宗教取代，喪失了原本的力量。

不難想像當印度的宗教剛傳入時，對日本造成多大的影響。華麗的儀式、高遠的神祕主義、強而有力的思維，這些都讓單純的人們大開眼界。印度的宗教讓無知者的眼睛綻放喜悅的光芒、刺激了有學識者的知性，更滿足了統治者的目的。也有人基於愛國心，反對全面接受外來的宗教信仰，就算如此，印度的宗教在日本依舊快速發展。至少有一段時間完全看不到日本古代宗教的影子，新的宗教支配日本多個世紀。

佛教是在第二十九代欽明天皇統治的第十三年，即西元五五一年傳進日本，佛教學者主張這是「佛滅後一五〇一年」。早在西元五八七年，聖德太子便在難波（大阪）的天王寺建立了大伽藍。聖德太子是日本最賢明的皇子，被稱為「日本佛教之父」。在接下來的世紀（七世紀），改信佛教的風氣盛行日本全國，歷代天皇更是帶頭改信佛教。

同一時期，在唐朝名僧玄奘的指導之下，中國掀起了佛教大復興。而後世藉由巴塞洛繆・聖希萊爾生動的筆觸[3]，讓玄奘以印度為目的地的冒險之旅更加廣為流傳。為了向曾經造訪印度宗教發源地的玄奘學習，日本也派遣了學者渡海遠赴中國。奈良時代的歷代天皇（西元七〇八—七六九年），每一位都是佛教最強大的支持者。今日在名為奈良的這個古都裡，到處可以看到壯觀的寺院，這訴說了佛教在傳進日本之後，轉眼間就發展出了一股新的勢力。

日本對新宗教的狂熱在九世紀初時達到巔峰。最澄和空海兩位僧侶帶著各自所選擇的宗派教義，從中國學成歸國。從奈良遷都至京都的桓武天皇分別賜給兩人絕佳的土地讓他們興建寺院，另外也賦予他們資金和特權。最澄在新都東北角這個被認為是諸惡聚集的方位興建了比叡山。而空海雖然選擇定居在紀

1・例如《史海》三十號（一八九四年一月二十九日）中刊登了槐陰迂叟寫的〈上代考一斑〉，文章中列舉了十一項神道教與猶太教相似之處。

2・以色列被認為原本有十二個支派，雖然建立了以色列王國，但王國最終南北分裂，相較於由猶太族和便雅憫族組成的南王國，其他十個支派組成的北王國於西元前七二二年被亞述王國滅亡，被滅後十個支派下落不明，因此有許多不同的傳說。

3・此指巴塞洛繆・聖希萊爾（J. Barthélemy-Saint-Hilaire，一八〇五—一八九五）的著作《Le Bouddha et sa religion》（一八六〇），於一八九五年以《The Buddha and His Religion》為題譯成英文版。內容以玄奘的印度之旅為主，內村鑑三應該是看了這一本英譯書。

伊國[4]的高野山，但同時也在都城的南方興建了寺廟。現在，在京都車站的正南方、以高塔聞名的東寺[5]，便是由空海興建的。比叡山建於西元七八七年，而高野山則建於西元八一六年。日本的佛教可說是從此扎下了穩固的基礎，沒有其他宗教可以與其相比，也難怪這些開山祖師會認為佛教就有如自己在山裡興建的寺廟一般穩固。

就像這樣，所謂的「佛教八宗」（為了不熟悉八宗的人，在此列出八宗宗派的名字。一、三論；二、法相；三、華嚴；四、律；五、成實；六、俱舍；七、天台；八、真言）在九世紀初為佛教在這個國家扎下穩固的基礎。

在空海歿後的四個世紀，日本既沒有傳來也沒有形成新的宗派。「八宗」各自擁有強大的勢力和影響力，當中又以最澄的宗派（天台）為主流。當宗教團體手握權力，伴隨而來的就是腐敗，這一點各地皆相同。終於，僧侶成為了**帝王中的帝王**。為此煩惱不已的一位天皇曾留下一句名言，用來說明朝臣的僧侶——「不順吾意者有二，賀茂川的水和山法師。」[6]歷代天皇和貴族們紛紛興建寺院，捐獻給他們所皈依的宗派。於是，在大都市京都和其近郊地方到處可以看到山門、塔、六角堂、鐘樓等壯觀的宗教建築，這是興盛一時的佛教在日本所留下的巨大紀念品。

十二世紀末，長期的殺戮戰爭告一段落，和平終於來臨。這件事激起了新的宗教思想活動。將軍源賴朝收回了僧侶的世俗權力，但仍然給予僧侶身為國民精神領袖所應有的敬意。此舉成就了許多知德兼備的學僧。源賴朝之後的北条氏也多篤信佛教，但他們厭倦當時虛華不實的佛教，從中國引進「禪」，也就是重視冥想的佛教教派（西元一二〇〇年）。為了讓這種新型態的佛教可以在日本扎根，北条氏在京都、鎌倉以及越前等地興建大寺院。不同於重視外表、以儀式為中心的舊佛教，新教派重視的是深奧的形而上學。為此，新的教派成了受到上層知識階級歡迎的信仰。

對一般民眾而言，相較於擁有高知識性的禪學或莊嚴到讓人難以接近的舊佛教，他們需要其他的信仰。而一位名為源空（法然上人）的僧侶所提倡的信仰，正符合了民眾的需求。一二〇七年左右，日後被稱為淨土宗的宗派經由源

4．相當於現在的和歌山全域和三重縣南部。
5．位於京都市南區九條町的寺院，又名教王護國寺。
6．被認為是後白河上皇所言，記載於《平家物語》中。

空的提倡，在民間流傳開來。淨土宗的教義是只要念佛，死後就可以前往淨土。配合鈴杵的聲音與節拍，口中念著「南無阿彌陀佛」（無量光佛，我把一切交付給祢）即可，因此又稱為念佛宗。念佛的音調屬於哀調，有時也會伴隨舞蹈，比起以往莊嚴的信仰，淨土宗可說是一個全新的宗教。

真宗是淨土宗的分支，這是在同一時期由名為範宴（親鸞上人）的僧侶所提倡的教派。真宗的勢力之大，勝過其他教派，影響了許多人。真宗教義最大的特徵在於非常寬大，除了僧侶有一些一生中絕不可犯的禁忌之外，其餘都可以不拘僧俗的身分享受同樣的生活。就像這樣，佛教漸漸世俗化，成為一般民眾也容易接近的宗教。現在，佛教成為了民眾的支柱，不再需要借助王權的力量布教，對後世帶來廣大的影響。再加上淨土宗的另一支派時宗，這三大教派是日本佛教中最主流的教派，幾乎同時被一般大眾所接受，與當時滲透教養階級的神祕禪宗並駕齊驅。

在上述的三大教派之後，很快又興起了另一個教派，日本的佛教總共有十二宗[7]。因此，十三世紀可說是日本佛教最後且最大的**形成期**，同時也是印度宗教在日本真正的**再形成（改革）期**。自此以後再也看不到這等光芒。當時人們深信不疑的教義，到了這個世紀依舊存在於我們之間。然而，沒有例外，對於宗教的狂熱漸漸變成迷信，進而消失無蹤。為什麼人類是如此軟弱，懼怕非科學的東西，轉而依賴看不見的東西呢？過去的時代，人們雖然沒有現代人的知識或雜事，但誠懇地、堂堂正正地過著每一天。然而，今日的我們卻成為了追求名望的渺小存在。我們聽到天地的聲音，提醒我們行為要高潔，要做出奉獻。然而，我們卻仰賴信仰，怠惰不堪。為了激起大家的羞恥心，在這裡介紹一位偉大的人物。

7．明治中期所說的十二宗，除了前述的八宗外，再加上禪宗、淨土宗、真宗以及日蓮宗。

2 誕生與出家

一二二二（貞應元）年，太陽從地平線升起，瑰麗色的陽光灑在大地諸國的最東部。在安房國的東方，一個靠近海岬的小湊村[8]裡，漁夫家裡誕生了一位小嬰兒。父親因為政治上的理由選擇避世，輾轉來到這個村落，看起來與一般貧窮的漁夫無異。母親出生高貴，是太陽最忠誠的信者。母親向太陽誠心的祈禱終於得到回應，這個孩子可說是太陽所賜的寶物。為了感謝神的回應，她將孩子取名為「善日麿」。這與日後這個孩子決定自己在世上的使命有很深的關聯，之後會詳加敘述。

關於這個孩子的誕生，有許多不可思議的傳說。有人說，漁夫家裡的庭院湧出了如水晶般晶透的泉水，「洗淨生產的不潔」；也有人說，漁夫家附近在不是蓮花開花的季節裡開了一朵異常大的白蓮，而且「散發奇香」。生於現代的我們可以將這些傳說歸類為人們的迷信與想像，但這裡不得不提一下日蓮的生日，因為這是當發生需救濟日本國這個大問題的時候，這個年輕的宗教狂熱者心中不斷浮現的問題。日蓮出生的那一年正好是佛陀入滅後的二一七一年，也是最初的「正法千年」結束、經過第二的「像法千年」，宣告第三也是最後的「末法千年」來臨的那一年。人們期待如「尊師」的預言般，一道「曙光」出現在東方，照亮末世的黑暗。佛陀一生中最重要的大事（入滅）發生在二月十五日，而善日麿的生日剛好是二月十六日（陰曆），也就是佛陀入滅後一日。這樣的巧合對於我們的主角而言，擁有相當重大的意義。

在善日麿十二歲的時候，信仰虔誠的父母決定讓他成為僧侶。在知道他將來生涯的前提下，我們便能相信一切有關他兒時驚人的傳說。當漁夫避世的日蓮雙親，為了讓自己的孩子有出世的機會，替他選擇僧侶的職業也不是一件不可思議的事。在社會階級分明的時代，宗教是出生微寒的天才向世人展現存在感的唯一出路。

8．安房國長狹郡東条相小湊（現在的千葉縣安房郡天津小湊町）。

距離日蓮出生地不遠的地方有一處名為清澄的寺廟[9]。擔任住持的道善是一個學德兼備、遠近馳名的人物。少年善日麿被送到這個寺廟，託付給這位慈祥的師父，師父對他也有特別的期待。經過四年的修行，他在十六歲時剃度，成為真正的僧侶，法號蓮長。道善發現這名年輕子弟優秀的才能，開始思考希望他能夠成為自己的繼承者，傳承寺廟的工作。這個年輕人給了雙親希望，更是師父最引以為傲的弟子。然而，隱藏在他外表之下的內心世界其實充滿了掙扎。終於，蓮長離開了出生之地，走遍全國各地，尋求解答的明燈。

3　黑暗的內與外

在蓮長努力學習佛教基本知識的時候，遇到了幾個迫切需要解決的問題。當中最明確的課題當屬「**佛教存在有無數個教派**」的問題。蓮長不斷地思考為什麼會有這樣的問題。

「佛教起源於一個人的生涯與思想，現在卻分成了許多不同的宗派和分支。佛教難道不只一個？」

「看看周遭，一個宗派全盤否定另一個宗派，每個人都主張自己的宗派才符合佛教的根本。這代表著什麼意思呢？就如同海水都擁有相同的味道一般，佛陀的教誨不可能有兩種。既然如此，到底該如何說明宗派的分裂呢？到底哪

9．當時為天台宗，現在為日蓮宗。

一個宗派才是真正佛陀的教誨呢？我又該遵循哪一個宗派呢？」

這是蓮長懷抱的最初也是最大的疑問。他有這樣的疑問也是應該的。我們對於佛教或是其他的宗教也擁有相同的疑問，因此非常能夠理解蓮長的心情。對於他的疑問，無論是他寺廟裡的住持或是其他人都無法解答，蓮長只好每天不斷地祈求。有一天，在蓮長從他最信奉的菩薩堂祈願回來的時候，承受不住心中沉重的負擔，蓮長不支倒地，口吐鮮血。同伴把他扶起，過了一陣子才好不容易恢復意識。我們到現在都可以清楚指出發生這件事的地點，路旁有一部分的竹葉被染成紅色，據說就是被當時蓮長吐的鮮血所染紅的。

有一天晚上，蓮長的目光停在據說是佛陀入寂前所闡述的《涅槃經》上。他被「依法不依人」，也就是**相信真理不仰賴人**的這段金言所吸引，徬徨無助的心頓時獲得解放。他領悟到了無論聽起來多麼地有理或好聽，都不要仰賴他人的意見，能夠依靠的只有「佛尊」所留下的佛典，應該用佛典來解決所有的問題。蓮長的心終於得到平靜，他找到了自己應該遵循的道路，之前的所有疑問都煙消雲散。在聽完這段日本僧侶的故事後，有人應該會想起四百年前在德國艾爾福特的修道院裡也發生過類似的事情。一個年輕的修道士心中懷抱著許多疑問，不斷地探求，甚至「喪失意識」，最後注意到了由古拉丁文撰寫的《聖經》[10]。終於，他在《聖經》中找到了平靜，一生堅守自己的信仰。

然而，什麼是最有權威的聖典，對於我們的佛僧而言，他所面臨的問題不如基督教的馬丁路德單純。德國的修道士只要依靠一本《聖經》即可，然而，日本的佛僧卻必須自己從幾十本相互矛盾的佛典當中選出最具權威的一本。不過由於當時還沒有所謂「高等批判[11]」的概念，不問理由，只要相信古人的紀錄即可，因此還算比較容易。

對於我們的主角而言，無論是大乘或小乘佛教，只要知道佛典的年代順序就足夠了。以年代區分，從包含佛陀最初闡述的教義在內的《華嚴經》開始，（一）收錄開始傳道的十二年間所闡述的《阿含經》；（二）接下來十六年間闡述的《方等經》；（三）之後十四年間的《般若經》；（四）最後八年的《妙法蓮華經》，或稱《法華經》。依照這樣的順序所得到的結論當然就是，最後

10．由耶柔米（Sophronius Eusebius Hieronymus，三四七—四二〇）改訂並集大成的拉丁文聖經《武加大譯本》（Vulgata）。

11．見第二章註18。

的佛典包含佛陀一生闡述的所有教義精華。借蓮長所言，最後的佛典中包含「萬物的原理、永遠的真理、佛陀的本質與悟道的秘義」。也因此，才有會「妙法蓮華經」如此美麗的名字。

將佛典排序或比較相互的價值，像這樣批判性的深入研究並不是我們這裡主要的目的。然而，今日已大致成定論的是，蓮長所重視的佛典是佛滅五百年後的後世產物，《無量義經》中所標明的上述各項佛典的年代順序，全是為了增加這部新佛典的可信度並賦予最高的權威。無論如何，我們的主角接受了《無量義經》中所寫的順序，只要能夠在《法華經》中找到簡潔扼要的話語，來說明佛教信仰的基準以及如何看待佛教內部的矛盾，對蓮長而言就足夠了。當蓮長找到他要的結論時，心中湧現了無法言喻的喜悅和感謝之情，他不禁熱淚盈眶。蓮長心想：「我放下父親與母親，將自己奉獻給這個傑出的信仰。我難道應該緊抓著凡僧所教導的傳統教義不放，而不去尋求佛陀的金言嗎？」

在蓮長二十歲的時候，心中有了這個神聖的志向，他再也無法安逸地深居於鄉下的寺院裡。他向道善和其他僧侶告別，為了追求更廣大的真理，他鼓起勇氣，走向外面的世界。蓮長最初的目的地是當時將軍所在的首都鎌倉。就有如造訪羅馬的馬丁路德一般，在一個鄉下僧侶的眼中，在首都鎌倉看到、聽到的一切都很不一樣。街道上可以看到巨大的寺院和穿著華美的僧侶，到處充斥著虛偽。禪宗支配著上流階層，而淨土真宗則支配著下流階層。前者深陷於無益的思辨泥沼之中，後者盲從阿彌陀佛，忘記了自我，完全看不到佛陀的教義。佛像被當成小孩的玩偶，實際上不存在的阿彌陀佛，反而在他們稱作為佛教儀式的禮拜中，被放在最高的位置！穿著僧衣的人們公然做出可恥的行為，還洋洋得意。只要高唱阿彌陀之名，之後就可以得到救贖，與德性和戒律無關。在這樣高唱「南無阿彌陀佛」的人們當中，多的是品行不良的蠻橫之徒。

從五年下來在鎌倉所看到的所有一切，蓮長確信，如自己信奉的「神聖經典」所預言的一般，「末法」已經來臨，為了創造新的世間，必須要有新的信仰，而現在正是機會。最近，廣受人們尊敬的大阿上人[12]死去，而他的死法足以讓眾信徒陷入恐懼。大阿的身體「縮到像小孩一般小」，皮膚的顏色變得像「墨水一般黑」。這無疑是教義中所指的惡魔的傑作，更是大阿被打入地獄的證據。

12．被認為是日蓮在鎌倉首度聽到闡述淨土宗教義的僧侶。

同時，天空還出現了異象，這又代表了什麼呢？「西方的天空出現了三道紅色和白色的煙霧，兩道白色的煙不久即散去，但紅色的煙霧卻像火柱一般衝向天頂」。之後，地表不斷地出現激烈的地震，許多的寺院倒塌，原本應該是人們尋求救贖的寺院，現在人們和家畜反而被壓在它的殘垣敗壁之下。「這一切都是因為國家沒有宣揚真正的佛典，教導的和人們相信的都是錯誤的佛法。我所被賦予的使命不正就是幫助這個國家找回真正的信仰嗎？」蓮長打定主意，「首都雖是宣揚佛法的好地方，但並不適合學習佛法」，於是他決定離開鎌倉。

在短暫探望過雙親之後，蓮長繼續踏上探求知識之旅。比叡山鎮守在京都的鬼門方位，保護天皇不受到任何邪氣的侵襲，在過去千年當中，是日本學習佛教的中心地。海拔二千五百呎，四周被高大的杉林木圍繞，下方是平靜壯觀的琵琶湖。在這裡，僧侶們專心研究釋尊講述的佛法、冥想和傳承。全盛時期，比叡山擁有高達三千人的僧兵，足以威脅天皇和民眾的安全，滿山成群的部落，十分壯觀。源空（法然上人）也是在這裡學習佛法。源空一反在山裡學到的教義，開創了淺顯易懂的教派，很快地就獲得了大批信徒。真宗的始祖範宴（親鸞上人）是源空的弟子，與全國其他許多知名的佛僧一樣，都是在比叡山學習佛法，得到佛法的精隨。

蓮長胸懷在日本宣揚真正佛教的雄心壯志，離開安房國漁夫的破舊小屋，步行四百哩，來到了比叡山，期望在這裡找到光明大道。

蓮長在比叡山善用新的研究機會，貪婪地學習任何他可以學到的知識。蓮長的專長是《法華經》，在比叡山可以很輕易地看到《法華經》珍貴的抄寫本和解說書。事實上，以比叡山為中心的天台宗也十分重視這部經書。天台宗的「六十卷物」便是一部《法華經》的註解，共六十卷。天台宗的中國始祖智顗針對法華經寫了三十卷的註解，而他其中一位弟子妙樂[13]認為師父的註解還不夠，因此又追加了三十卷。由此可見，《法華經》是多麼傑出的佛典。其中有十卷分別論述這部佛典名稱的六個漢字！對我們來說並不覺得有什麼特別的這部佛典，對於古時候的人們來說意義深遠。

蓮長在比叡山停留長達十年，專心鑽研難題。在這裡僅僅敘述蓮長所得到的結論。蓮長確信，《法華經》比其他佛典都傑出，而這部《法華經》的原典

13．中國唐朝的僧侶湛然（七一一—七八二），是天台宗的中興者。

是由比叡山的開山始祖最澄帶回日本。然而之後，**比叡山的僧侶卻低估了《法華經》的價值**。蓮長為了進一步鑽研自己所得到的結論，曾多次造訪京都、奈良以及高野山。而其成果就是他不再懷疑自己所得到的結論，決心將自己的一生奉獻給《法華經》。有一天，日本主要的各個神明分別現身在蓮長的面前，答應要守護蓮長，在神明的身影向空中離去的時候，天上響起禮讚神明的歌曲，唱道「斯人行世間，能滅眾生闇」[14]（此人在人世間，便可消除人們心中的黑暗）。不過，蓮長並不僅是擁有這般體驗的神秘主義者。

蓮長該年已經三十二歲了，雖然沒有朋友或名氣，但是一個獨立不羈的人。他並不像真宗的範宴有祖先的血脈可以強調，就像他後來對自我的描述一般，他只是一個「海邊身分卑微人家的小孩」、一介漁夫的後代。他也不曾像最澄、空海等學僧一般出國學習。出外留學在現今的日本依舊受到重視，只要是喝過洋墨水的人，無論是哪一個知識領域，都被認為擁有解開秘密的鑰匙。另外，他也不向其他宗派的始祖一般擁有強大的後盾，更遑論皇室的庇護。蓮長獨自對抗所有的勢力，建立的思想有別於當時勢力強大的各宗派。之後，日本再也沒有出現可以與蓮長相提並論的僧侶。只有蓮長，為了一部佛典和佛法，賭上了自己的生命。蓮長的一生最值得關注的不是他懷抱的雄心壯志，而是把壯志變可能的勇氣和做法。在某種層面上，打壓佛教的行為可說是從蓮長開始。

14·出自《法華經·如來神力品》，用以指示法華經護持者的任務。

4 宣言

人說「先知在本地沒人尊敬」[15]。然而，諷刺的是，幾乎所有的先知都是在自己的故鄉開始為公益奉獻的生涯。先知在這個世界上無家可歸，卻被故鄉所吸引。就算知道自己將會受到什麼樣的待遇，還是像雄鹿切慕溪水一般[16]回到故鄉。先知在故鄉受到排擠、被丟石頭，甚至被趕出來，蓮長的一生也是如此。

在蓮長位於小湊的老家，父母日日夜夜盼望兒子的歸來，他們作夢都希望兒子能夠成為家鄉寺廟的住持。這是每個父母都有的期望，而違背父母的期望是蓮長所面對最初也是最大的考驗。這時，蓮長改名日蓮，這是取自帶給自己生命的神明和自己決定宣揚的佛典之名。一二五三（建長五）年四月二十八日，當瑰麗色的太陽從東方地平線升起，露出半個頭的時候，日蓮站在聳立的斷崖上，望著廣闊的太平洋。他對著前方的海和後方的山，透過海和山不斷地向全宇宙奉上自己的祈禱。他的祈禱讓所有人沉默，帶領他的信奉者走向永恆，是他們彼此間永遠的暗號。他的祈禱包含了佛教的精髓以及人類與宇宙的法度。「南無妙法蓮華經」代表皈依白蓮妙法之意。

日蓮白天向自然，傍晚則向村人宣揚佛法，他的名氣擴展到了附近一帶。村人心想，日蓮在鎌倉、比叡山、奈良等地鑽研了十五年的佛法，一定會有一些既新穎又深奧的見解。於是，無論男女老幼，有人念誦真言宗的真言「缽羅襪多野」，有人念誦淨土宗的「南無阿彌陀佛」，大家聚集在一起。寺院裡擠滿了人，「在寺院的四個角落點香」，伴隨鐘響，日蓮出現在高壇上，他臉上可以明顯看出熬夜的痕跡。熱情的眼神與先知的威嚴，全身充滿男子氣概的日蓮是全場注目的焦點。大家屏息以待，等著聽他會說出什麼話。日蓮取出已是**自己的佛典**《法華經》，用「和緩的臉色、高亢的聲音」念出《法華經》第六章的一部分經文，接著說道：

15．引自《新約聖經．馬太福音》十三章五十七節，耶穌說：「大凡先知，除了本地本家之外，沒有不被人尊敬的」。

16．引自《舊約聖經．詩篇》四十二篇一節：「神啊，我的心切慕你，如鹿切慕溪水」。

「我花了很長的時間鑽研了上萬卷佛典，也到處傾聽各個宗派對佛典的見解。其中有一個見解是這樣的：佛陀入滅後的五百年間，就算不精進，很多人還是可以成佛；接下來的五百年，必須努力精進、禪定方可成佛，這稱為『正法千年』；之後還有必須讀經的五百年與必須努力建寺造塔的五百年，這稱為『像法千年』；像法千年過後，如來所教的功德盡滅，開始了一切的成佛之道皆關閉的五百年，這是末法的開始，將持續一萬年……

我們已經進入末法二百年，距離佛陀直接闡述佛法已隔了很長的一段時間。現在只有一條成佛的道路，這條道路就隱含在「妙法蓮華經」這五個字之內。然而，淨土宗之輩關閉這條寶貴的道路，呼籲人們不可傾聽；禪宗輕視這條寶貴的道路；而真言宗更是嚴加批評，假設真言宗的《大日經》是腳，他們認為《妙法蓮華經》甚至不配幫腳脫鞋。這些人最後的下場都會如同《法華經》第二卷的〈譬喻品〉中所記，即斷佛種者將來即墮地獄。因此人們必須用耳朵聽、用眼睛看，仔細分辨真偽。大家必須知道，淨土宗是墮入地獄之道，禪宗是天魔之輩，真言宗是亡國的邪宗，律宗則是國賊。這不是我說的，而是佛典所寫的話語。仔細聆聽飛向白雲的杜鵑叫聲，它會告訴我們何時該播種。如果不及時播種，等到收成季節時就後悔莫及了。現在正是《法華經》播種的時候。而我正是『佛尊』派遣而來的使者。」

日蓮語畢後，底下群眾的怒聲有如排山倒海般湧來。有人說日蓮瘋了，不要與他一般見識；也有人說日蓮冒瀆神明，應該要嚴懲。參加集會的領主甚至準備只要日蓮踏出聖地一步，就要以冒瀆神明的罪名殺了他。然而，日蓮慈祥的師父堅信自己的弟子總有一天會後悔，從惡夢中醒來，回歸正途。於是，他派遣了二名弟子，躲避領主的攻擊，趁夜黑護送日蓮前往安全的地方。

5 獨力對抗世間

在故鄉無容身之處的日蓮，轉而前往「宣揚佛法的好地方」就是國家首都鎌倉。他在鎌倉松葉谷找到了一塊沒有所有權人的土地，在那裡為自己搭建了草庵。日蓮定居此處，手持《法華經》，獨自一人開始了匡正世人錯誤思想的工作。如今的大日蓮宗可說是發源於這個草庵。以身延與池上為首，巨大的寺院、在全國超過五千間的寺廟以及超過二百萬人的信徒，這些全都起源於這座草庵和日蓮一人。偉大的事業通常都是在這樣的情況之下誕生，不屈不撓的靈魂和與之對抗的世間，可以期待的是永恆的偉大。姑且不論日蓮宣揚的佛法內容，二十世紀的人們應該要學習的是他的信仰與勇氣。基督教在日本是否也有相同的開始？傳道學校、教會、金錢援助、人道援助……等，偉大的日蓮未曾擁有當中任何一項資源，所有的一切都是從他一個人開始！

日蓮每日不斷地鑽研和冥想，度過沉靜的一年。在這段時間內，他收了一位日後被稱為日昭的弟子。日昭非常認同日蓮對日本佛教的想法，特地從比叡山遠道而來。這件事情讓日蓮十分喜悅，因為他再也不用害怕自己的思想在這個國家會絕後，可以放心地站在人前，奉獻自己的生命。

於是，日蓮在一二五四年的春天，首度在這個國家開始了**街頭宣教**的活動。日蓮在首都忍受聽眾的嘲罵，反覆宣揚他在故鄉父老面前闡述的佛法。其他僧侶對他發出抗議，認為在路旁說道有欠禮儀。對此，日蓮清楚回應：「武士們在戰時不都是站著吃飯嗎？」對於有人批評他不應該否定當權者信仰的宗教，他也明言：「僧侶是佛陀的使者，如果畏懼世間與大眾，則無法達成任務。」至於有人質疑其他的宗派不可能完全都是錯的，日蓮的說明也十分簡單：「支架只有在搭建寺廟的期間才有價值。」

日蓮六年間不停歇地宣揚他的教義，終於，他的作為和他自己本身開始受到人們的注目。他的弟子當中有身居要職者，也有在將軍家工作者，雖然為數不多，但也總算有一點規模。有人開始擔心，如果不找一個適當的時機壓制，日蓮的影響力將會擴大。因此，包括建長寺的道隆住持、光明寺的良忠住持、極樂寺的良觀住持以及大佛寺的隆觀住持等影響力大的高僧們聚集首都，商討鎮壓這個新興宗派。然而，日蓮的膽識大過這群抵抗自己的勢力。

當時，國家發生了許多災難，日蓮利用這個機會，寫下了至今仍被認為是其代表作的名著《立正安國論》（論說如何帶給日本和平與正義）。當中，日蓮舉出了國家遭逢的各項災難，指責國家之所以會陷入如此不幸，全都是因為人們相信錯誤的佛法。他還舉出了許多的經文加以佐證，並說唯一的解救之道在於全國人民跟隨自己，遵循最高佛典的《法華經》。如果拒絕這個天賜良物，必會引起**內亂和外敵的入侵**。從來沒有人對這個國家的高僧說出這麼激烈的話。《立正安國論》成了戰書，等於正式向其他宗派宣戰。戰爭中只會有一方勝利，不是日蓮就是其他宗派，輸的一方除了消聲滅跡之外沒有別的路。日蓮這股激昂的熱情與瘋狂之間只有一線之隔。

日本明君之一的北条時賴準備把這個狂徒趕出首都。然而事實上，這個政治家對於他準備處置的這號人物一點都不了解。對方有赴死的準備，並且身邊有多位他以真心培育的人，每一個人都與他有相似的想法。如之後將會提及的，日蓮是一個不怕任何試煉的人，像這樣的人，無論怎麼威脅都沒有用。日蓮和他的弟子們帶著不屈不撓的勇氣，面對這場「對抗佛敵的戰役」。最後，這個小團體終究用盡了所有的力氣而遭到解散，他們的領導人則被流放遠方。

6 殺身之禍與流放

在寫下《立正安國論》後的十五年間是日蓮不斷與世間的權力、與支配者對抗的時期。日蓮首先被流放到伊豆，在當地度過的三年流放生活當中，他仍然繼續宣教，成功地讓許多人改變宗派。回到鎌倉之後，信徒們懇求日蓮放棄「戰役」，專注於宗門內的教化。對此，日蓮嚴正拒絕。

「現在是末法的時代。大家中毒已深，而『折伏』[17]是拯救這個危險疾病不可缺少的良藥。乍看之下似乎無慈悲，然而這才是真正的慈悲。」

日蓮不顧自己即將大禍臨頭，還是一樣不改一貫的固執態度。有一天傍晚，他與幾位弟子外出宣教，突然遭到一群男子持劍攻擊。這群賊人的主謀正是四年前當日蓮在宣揚新宗派時，裁定流放這個勇敢革命家的領主。弟子們為了拯救師父的性命，一名僧侶和二名信徒慘遭殺害，他們是《法華經》在日本最初的殉教者。對於今日信奉同一本《法華經》的無數信徒而言，這件事是他們難忘的寶貴教訓。日蓮負傷逃逸，他額頭的傷是他忠於「法」的記號。

然而，真正的危機發生在一二七一年的秋天。在此之前，日蓮還不至於面臨失去生命的危險，這是因為當時的法律禁止處死僧侶。就算日蓮無禮至極的行為已經讓有勢者忍無可忍，但因為他削髮剃度與身著僧衣，讓他免於遭受刑法最嚴厲的處分。但當北条時賴知道他再也無法抑制日蓮批判國家既成宗教和無論聖俗的有勢者，他採取了例外的處置，決定將日蓮交到劊子手的手裡。這是日本宗教史中最著名的「龍口法難」。雖然這件事的歷史真實性最近遭到質疑，但除了之後信徒們所穿鑿附會的奇蹟之外，「法難」的真實性不容置疑。

這個事件一般的說法如下：

17．佛教用語，透過指出對方之惡、使其降伏，以達成教化的目的方法。

當劊子手舉起大刀準備行刑的時候，日蓮口念經文（《法華經・普門品》中的「臨刑欲壽終，念彼觀音力，刀尋段段壞」。意指臨刑前只要口念觀音，刀刃便會碎成萬段），現場突然間颳起了一陣風，周圍陷入一片混亂。刀刃斷成三截，劊子手拿刀的手發麻，放下了預備的第二把刀。之後，有一名使者從鎌倉「快馬加鞭」、拿著特赦令抵達現場。發揚《法華經》的使命，也獲得拯救。

這個事件就算不借助這些神蹟，一樣可以獲得合理的說明。劊子手在準備奪取僧人的性命時，突然間沒來由地感到恐懼，這在當時的社會風氣之下，劊子手會有這樣的反應也屬正常。日蓮泰然自若地一邊祈禱一邊準備受刑，看到態度如此莊嚴的僧侶，不難想像可憐的劊子手有多麼害怕。一想到自己的雙手將沾滿這個無罪之人的鮮血，拿刀的手恐怕也會顫抖吧。相同的恐懼無疑也襲擊了當初決定判處日蓮死刑的當權者，因此才會立即派遣使者宣告用流放代替死罪。就像這樣，日蓮能夠逃過了一劫，其實也是很自然的發展。

取代死刑的流放其實也是相當嚴峻的刑罰。日蓮這次被流放到位於日本海的孤島佐渡。佐渡島在當時是日本全國最難到達的地方，只有犯了重罪的人才會被流放至此。日蓮能夠在這個島上活過五個流放的年頭本身就是一個奇蹟。某一年嚴峻的冬天，日蓮除了心靈糧食的《法華經》之外什麼也沒有。心靈戰勝了流放帶給日蓮肉體上的苦楚，而精神戰勝了權力。流放的結果，讓他在自己的信仰國度中增加了一塊新的領土。自他流放以來，佐渡和鄰接佐渡的越後都成了熱衷於日蓮佛法的信奉之地。

日蓮不屈的勇氣和毅力在引起鎌倉幕府恐懼的同時，也為他贏來了尊敬。再加上日蓮對於外寇入侵的預言得到應驗，蒙古人的來襲讓幕府同意釋放日蓮回到首都（西元一二七四年）。日蓮回到鎌倉不久之後就得到了可以自由宣揚佛法的許可證。日蓮的精神終於讓他獲勝了，他的精神延續七百年，在日本保持相當的勢力。

7 最後的日子

日蓮來到了五十二歲，他的人生有大半的時間都無法安眠，過著與世間搏鬥的日子。現在的日蓮可以自由地向他的同胞宣揚自己的信仰。然而，幕府給予他這項自由的理由卻讓他高興不起來。北条時賴之所以給予日蓮這項自由，全是出於恐懼。然而，日蓮希望當權者與國民能夠欣然接受《法華經》。這時日蓮開始思考效仿「印度尊師」的作風，退隱深山，在那裡專心冥想與教育弟子，度過餘生。這正是日蓮的偉大之處，我也相信這是日蓮宗派能夠永續不斷的最大原因。當世間開始接受他的時候，他卻選擇離開，這正是那些遠不及日蓮的人所做不到的事。

然而，對日蓮的弟子而言，宣教禁令的撤銷代表該展開公開攻擊既有宗派信奉者的行動。據說，寺院相繼「被日蓮教徒折伏淪陷」。這些狂熱分子的行動非常有名，每個人手持太鼓，配合五個音節，一邊打鼓一邊不斷地複誦「南無妙法蓮華經」之名。二十人便足以讓人的耳朵麻痺，更何況幾百人的集團浩浩蕩蕩地走遍鎌倉，挨家挨戶、挨寺挨院要求人們立即降伏於新的信仰，其結果不難想像。在今日的教徒身上還是可以明顯看到創教者的熱情、熱火以及偏狹。佛陀原屬平和、厭世的宗教，唯有這個教派擁有戰鬥型的熱情。

日蓮的晚年十分平靜，定居於位於富士山西方的身延山。南方遠眺壯闊的太平洋，四周雄偉的群山圍繞。日蓮受到來自全國各地的敬愛與尊敬。一二八一年，如同自己所預言，日蓮在此地見證了日軍大敗蒙古侵略軍，當然這更增加了日蓮的名聲與影響力。這件大事的隔年，日蓮前往位於池上（大森車站附近）的弟子家作客，於一二八二年十月十一日辭世。

日蓮最後的願望是他的教義能夠上達「天聽」，在帝都京都獲得宣揚。日蓮指名當時只有十四歲的少年日像來幫他完成這個心願。日蓮臨終前，有一段特別值得一提的事。人們為了讓日蓮在臨終時能夠得到安慰，於是將佛像放到了日蓮的面前。然而，日蓮卻明顯不高興，揮手讓人把佛像移走。這時，又有人在他面前攤開了一幅字畫，上面是用雄渾的筆力所寫的《法華經》幾個大字。

日蓮看到之後緩緩地調整姿勢，面向字畫雙手合掌，嚥下了最後一口氣。由此可見，日蓮是佛典推崇者，而非偶像崇拜者。

8 人物評價

在日本的歷史上再也找不到像日蓮這般充滿謎團的人物。對於他的敵人而言，日蓮是一個冒瀆者、偽善者、中飽私囊者以及騙徒。許多著作以高明的手法書寫，只為證明日蓮是一個江湖術士。日蓮是佛敵在攻擊佛教時的眾矢之的，他更成為代罪羔羊，被自己宗派以外的佛教徒認為必須為佛教所受的所有批評負責。在日本，再也沒有人比日蓮遭受更多的非難與中傷。等到基督教在日本登場之後，他們也加入批判的行列，將攻擊的石頭投向日蓮。我知道有一位著名的牧師就曾全力批判日蓮[18]。事實上，日本基督徒也跟隨這位牧師，只要有稍微替日蓮辯護的行為，就好像在稱讚加略人猶大一般，被視為叛徒。

18．例如植村正久的〈日蓮上人〉（《日本評論》六十一號，一八九四年四月）等。

然而，就算只有我一個人，為了日蓮，我也願賭上我的名譽為他辯護。我承認，日蓮的許多教義都經不起今日的批判。日蓮的論點雜亂無章，整體語調也十分瘋狂。日蓮的確是一個偏頗於單一方向、欠缺協調性的人。不過，假設從日蓮身上除去錯誤的知識、與生俱來的性格以及時代與環境所帶來的各種因素，剩下的將是一個徹頭徹尾誠實且正直的人。日本人當中，沒有人比他更加勇敢。偽善者不可能持續偽善超過二十五年，也不可能有幾千人的信徒願意為這個偽善者奉獻他們的生命。如卡萊爾所說，「虛偽的人無法創造宗教」。他還說，「因為虛偽的人，就連紅磚瓦屋都無法建造」[19]。在日蓮死後六百年的此時，放眼望去，日蓮宗派的寺院高達五千座，擁有四千人的僧侶和八千人的導師。另外，有一百五十萬，甚至二百萬以上的信徒在這些寺院裡遵守日蓮所定下的禮法。就算如此，竟然還有人說創造出這般豐功偉業的人是一個寡廉鮮恥的江湖術士！憑我對於人性的信賴，首先就不允許我相信如此說法。如果虛偽可以在世上存在這麼長的時間，那麼我們到底該用什麼方式才能辨別真偽呢？

這個完全不知恐懼為何物的人，他的勇氣來自於確信自己是佛陀派到這個世上的特別使者。日蓮本身雖然是「海邊卑賤人家的孩子」，原本並不值得一提，但在宣揚《法華經》方面，這個人的重要性卻是天地間無人能敵。

「我只一個不值得一提的僧侶。」

日蓮曾在一個掌權者的面前說道。

「但是，在宣揚《法華經》方面，我是釋尊派來的特使。因此，梵天在右，帝釋天在左庇護我；日天引導我，月天遵循我。我國諸神都要低頭向我表達敬意。」

日蓮並不看重自己的性命。然而，日本國民卻對日蓮進行迫害。這對日蓮而言，是無法言喻的傷痛。如果說日蓮神經錯亂，那麼他的瘋狂亦是崇高的，與強大的自尊心無所區別。他藉由了解使命的價值，找到自我的價值，產生了強大的自尊心。在歷史上，日蓮並不是唯一一個用這個角度來評斷自己的人。

聖典，尤其對日蓮而言，在那些受到無止盡迫害的日子裡，《法華經》是他心靈上唯一的慰藉。在日蓮坐船前往流放的孤島時，愛徒日朗駕船試圖接近他的船。然而，日朗的手臂卻被憤怒的船長用船槳給打斷了。

19．皆出自湯瑪斯．卡萊爾（Thomas Carlyle，一七九五—一八八一）所著的《論英雄與英雄崇拜》（On Heroes and Hero-worship）。

日蓮安慰日朗說道：

「你要知道，在末法之世宣揚聖典者，必會遭到被棒打或流放的命運。二千年前寫在《法華經．勸持品》中的事，現在應驗在我們身上。因此，你應該為距離《法華經》的勝利不遠而感到歡喜。」

被流放的日蓮在寫給弟子們的書信中，到處都可以看到佛典中的金言。下列便是其中一個例子。

《涅槃經》中有將重轉輕的「轉重輕受」一說。今世若受重苦，那麼來世之苦瞬即消失。……提婆菩薩被異教徒所殺，師子尊者被斬首，龍樹菩薩也歷經過各項試煉。這些全部發生在正法年代、佛陀的國度裡。更何況現在是末法時代的開始，更將是多災多難。

就如同基督教的《聖經》對馬丁路德的重要性一般，《法華經》對日蓮而言是最值得尊敬的聖典。

「為了我所信奉的聖典，我死不足惜。」

這是日蓮每當遇到危機的時候必會說的一句話。在某種層面上，日蓮與馬丁路德相同，都是聖典的崇拜者。《聖經》的確超越了所有的偶像與權力，是至高無上的崇拜對象。為了一本書而奉獻自己的性命，這樣的人比起許多所謂的英雄，更是值得讓人尊敬的真英雄。

現代批判日蓮的基督徒，請去看一看**自己的**《聖經》是否沾滿了灰塵。就算每日將《聖經》的箴言掛在嘴邊，就算直接被賦予靈感，是否能夠在人群中忍受長達十五年的迫害與流放，只為讓人們接受《聖經》？為了《聖經》，是否可以奉獻自己的生命？希望每一個基督徒都能捫心自問。《聖經》超越其他所有書籍，有助改善人們的生活。然而，手持《聖經》的人們卻向日蓮投石，這是絕對不可以發生的事。

日蓮的生活十分簡樸。自從他以鎌倉的草庵為居所以來，一直過著簡樸的生活。他身邊不乏家境富裕的弟子，只要他願意，大可過著安樂的生活，但三十年後當他來到身延山時，依舊選擇住在與草庵相似的建築物內。日蓮對於被稱為「佛敵」的人毫不留情，但對於貧窮或受虐的人卻十分親切。《立正安國論》是日蓮最值得紀念的著書，與當中如火焰般激烈的文字形成強烈的對比，他寫給弟子們的書信當中充滿了溫柔情懷。也難怪弟子們對這樣的日蓮十分尊敬。

日蓮的生涯總讓我聯想到穆罕默德，只是**少了多妻主義**。兩者同樣具有堅韌的精神和異常的狂熱。另外，兩者還兼具為達目標的誠心以及隱藏在內心深處的慈愛與溫柔。然而，這個日本人對佛典堅信的程度，超越了那個阿拉伯人對《古蘭經》的信仰。單就這一點，我認為日蓮比穆罕默德更偉大。由於日蓮對佛典全然地信任，因此他**不需要**借助其他物理上的力量。不需要借助他人的力量，佛典本身的力量就已經足夠，也不需要任何外力來確立佛典的價值。歷史除去了穆罕默德是偽善者的汙名。同樣地，我們也應該更努力地讓日蓮得到正確的評價。

在此，我們暫時從日蓮身上拿掉十三世紀這個時代的衣裳，再除去他脫離常軌的批判主義知識觀，以及內心住著的瘋狂靈魂（每一個偉人也許都有些許瘋狂）。這時，在我們眼前的是一個多麼傑出的人物，可以與世界上所有的偉人並駕齊驅。在日本人當中，我再也想不出其他比日蓮更獨立自主的人了。事實上，日蓮的創造性與獨立性讓佛教成為了日本的宗教。相較於佛教其他宗派都是起源於印度、中國或朝鮮，只有日蓮宗是純粹來自於日本的宗教。

日蓮的野心放眼同時代的全世界。佛教在此為止都是從印度**向東**傳進日本。日蓮相信，經過自己的**改良**之後，佛教將是從日本**向西**傳進印度。從這裡可以看出，相較於被動且包容性高的日本人，日蓮屬於例外。由於日蓮擁有自己堅強的意志，因此當然不是一個容易操控的人物。然而，正因為他是這樣的人物，才能成為國家的支柱。相反地，和藹可親、柔順、包容、依賴等特質只會成為國家之恥，這些特質只有勸誘改宗者在向祖國的報告中，灌水「改宗者」人數時才派得上用場。

除去好鬥特質的日蓮，才是我們理想中的宗教者。

德文版後記

我非常高興受到邀稿。希望藉由拙作《代表的日本人》的後記，向德國的藝文界，尤其是讀過我另一著作《我如何成為基督徒（How I Became a Christian）》的讀者傳遞我的一些想法。

本書並非敘述現在的我。現在的我「接枝」成為基督教徒，而本書主要介紹的是我原來的「本樹」。我感謝神，不僅賦予我生命，更給予了我自由意志。我的生命在母體內形成之前，就已經受到許多影響。神早在二千年以前就開始從我國人民當中揀選祂的子民，終於，我也被神揀選，成為祂的僕人。教我什麼是宗教的並非基督教的傳教士，在那之前，是日蓮、法然、蓮如等值得尊敬的偉人，教導了我的祖先和我宗教的精髓。我們有無數的中江藤樹當我們的導師，無數的上杉鷹山當我們的封建領主，無數的二宮尊德當我們的農業指導者，另外還有無數的西鄉隆盛當我們的政治家。在我受到拿撒勒人耶穌的召喚，臣服在祂跟前之前，這些人為我打下了基礎。想要用一天的時間讓一個人，況且是一個國民改變宗教並不是一件容易的事。真正的皈依，是一件需要花上幾世紀時間的大工程。美國人當中最偉大的華特・惠特曼（Walt Whitman）曾說過這樣的話：

為我所作的準備是浩瀚的，
忠實與友善是曾援助我的雙臂。[1]

千萬不可認為武士道或日本的道德比基督教優秀，就因此覺得滿足。武士道的確非常傑出，然而，就算如此，武士道也不過是世界上眾多的道德之一，它的價值與斯巴達的道德或斯多亞主義的信仰相同。因為有這些道德，才能孕育出像來古格士（Lycurgus）或西塞羅這樣的人物，但卻孕育不出像查理曼大帝或格萊斯頓這樣的偉人。武士道無法讓人們皈依，也無法再造或赦免人們的罪。武士道是一種未完成、屬於現世的道德。雖然有許多的優點，但武士道就像舉世無雙的富士山，就算是舉世無雙，也只不過是一座沒有生命的山。武士道又像櫻花獨一無二，但終究逃不過凋零的命運。因此，千萬不可認為武士道有一天將會取代基督教，或認為武士道本身非常優秀，有武士道就夠了。

然而另一方面，如果認為只有基督教才能從石頭中給亞伯拉罕興起子孫來[2]，

1．詩集《草葉集》（Leaves of Grass）中的〈Song of Myself〉。

2．出自《新約聖經．馬太福音》三章九節。指的是神絕大的力量。

那可就大錯特錯了。很遺憾地，現在有許多人抱持著這樣的錯誤與迷信，在各地宣揚基督教。遺傳是自然法則，也就是神的法則。因此，並不是超自然的宗教把其他一切全都廢棄就好了。根據中國的宗教，純粹的「天」與純潔的「地」結合，才能夠結出美好的果實。也就是說，天再純粹，只有天是結不出果實的。就算是基督的話語，只要掉落在石地上，馬上就會枯萎。為了讓某些東西結出百倍、某些東西結出六十倍、某些東西結出三十倍的果實，必須讓它們落在美好的大地上。神的恩惠除了來自天之外，也來自地，否則就結不出美好的果實。輕視人類在大地上的各種要素，認為所有人只要有來自天上的福音就夠了，這樣的信仰等於違背了純樸人類的常識，是不符合現實的事。基利家出身的保羅，身為法利賽農夫之子，也在哲學家奧列里烏斯的羅馬接受希伯來人的教育，這就是最好的證明。

我是武士之中最卑微的人，也是信奉耶穌基督者之中最卑微的人。無論在哪一邊，我都是最微小的存在，雖然如此，我仍舊無法漠視或輕視我體內武士的部分。身為武士之子，與我的精神相符的是自尊與獨立，我厭惡的是狡猾的手段與表裡不一的虛偽。武士精神當中有一個與基督教平分秋色的律法，那就是「對於金錢的執著是諸惡的來源」。對於近代的基督徒公然倡導「金錢就是力量」的律法，毅然決然地提出反對意見，是身為武士之子的我應該要做的事。就算與全世界的基督徒為敵，就算每個人都高唱「瑪門（財富）是我們的真神」，在神的恩惠之下，身為武士之子的我還是會堅守我的立場——「主才是我們的真神」。

內村鑑三
於東京
一九〇七年五月十一日

國家圖書館出版品預行編目 (CIP) 資料

代表的日本人 / 內村鑑三著；陳心慧譯．——二版．——
新北市：遠足文化，2018.03 面；公分．——(傳世；02)
譯自：Representative men of Japan
ISBN 978-957-8630-23-9（平裝）
1. 傳記 2. 日本

783.11 107002391

傳世 02
代表的日本人
Representative Men of Japan

作者——內村鑑三
翻譯——陳心慧
總編輯——郭昕詠
責任編輯——陳柔君
編輯——徐昉驊
通路行銷——張元慧
排版——簡單瑛設
封面插畫——黃正文
封面設計——霧室

社長——郭重興
發行人兼
出版總監——曾大福
執行長——陳蕙慧
出版者——遠足文化事業股份有限公司
地址——231 新北市新店區民權路 108-2 號 9 樓
電話——(02)2218-1417
傳真——(02)2218-0727
郵撥帳號——19504465
客服專線——0800-221-029
網址——http://www.bookrep.com.tw
Facebook——日本文化觀察局（https://www.facebook.com/saikounippon/）
法律顧問——華洋法律事務所 蘇文生律師
印製——呈靖彩藝有限公司

二版一刷 2018 年 3 月
二版二刷 2020 年 12 月
Printed in Taiwan